Antonio Mira de Amescua

# El mártir de Madrid

Edición de Vern Williamson

Barcelona 2024
Linkgua-ediciones.com

## Créditos

Título original: El mártir de Madrid.



e-mail: info@linkgua.com

Diseño de cubierta: Michel Mallard.

ISBN tapa dura: 978-84-1126-246-0.
ISBN rústica: 978-84-9816-084-0.
ISBN ebook: 978-84-9897-559-8.

# Sumario

## Brevísima presentación

### La vida

Antonio Mira de Amescua (Guadix, Granada, c. 1574-1644). España.
De familia noble, estudió teología en Guadix y Granada, mezclando su sacerdocio con su dedicación a la literatura. Estuvo en Nápoles al servicio del conde de Lemos y luego vivió en Madrid, donde participó en justas poéticas y fiestas cortesanas.

**Personajes**

Álvaro Ramírez, padre
Don Pedro, hijo de don Álvaro
Don Fernando, hijo de don Álvaro
Trigueros, lacayo
Clemencia, prometida de Fernando
Don Juan, galán
Rey de Árgel
Lidoro, corsario moro
Celaura, infanta mora
Clara, criada de Clemencia
Alguacil
Criado
Moros

## Jornada primera

(Sale don Álvaro tras Pedro con su báculo, y don Fernando.)

Álvaro

¡Vive Dios, que has de morir
a mis manos!

Pedro

¡Hoy me abrasa
el furor! Has de advertir
que ya mi obediencia pasa
los términos del sufrir.
Si tienes de padre el celo,
mira que no hay en el suelo
a quien agravios consienta,
y te escribiré en la cuenta
de las venganzas del duelo.
Palos la muerte vengó
y estoy por matarte aquí,
porque quien mi afrenta vio
dirá que los recibí,
pero no quien me los dio.

Fernando

Padre, el enojo suspende.
Hermano, si nunca ofende
un padre cuando castiga,
¿qué loca furia te obliga?

Pedro

Es la que mi honor defiende.
Tan bárbaro enojo y rabia
no es de padre, y siempre entienda
su experiencia poca sabia,
que con palabras enmienda
y con las obras agravia.
A solo reprehender

llega de un padre el poder;
y pues le viene a faltar
fuerza para castigar,
castiga para ofender.

Fernando
No han sido ésos los intentos
de nuestro padre.

Pedro
¡Es en vano
templar mis atrevimientos!

Álvaro
En tus palabras, villano,
conozco tus pensamientos.
Descompuesto y atrevido
te muestras de mí ofendido,
y por agravios te quejas
de tu padre; pues, ¿qué dejas
para un hombre mal nacido?
Por malos pasos que lleve
un hombre o un demonio igual,
por más insultos que pruebe,
en siendo hombre principal
jamás al padre se atreve;
que cuando al mundo destruya
con las maldades que emprende
y sanos consejos huya,
viendo al padre le suspende
la sangre que tiene suya.
Aunque ya decir podría
que es la que tu pecho cría;
pues a no estimarse empiezas,
tan mezclada en tus bajezas
que no conoce la mía.
Tú eres noble; tú naciste

con obligaciones tantas
en Madrid. ¿Dónde aprendiste
bajezas que al mundo espantas
con escándalos que diste?
  ¿Faltan a tu rey fronteras
donde le sirvas? ¿Qué esperas,
valiente, en tu misma calle...

Fernando — Deja, señor, de afrentalle.

Álvaro — ...a sombra de las banderas
  del gran Filipo? ¡Y por él
debe el vasallo fiel
morir! Haz del pecho alarde.
Pero en la guerra es cobarde
quien en la paz es cruel.
  Por mi vergüenza me aflijo,
pues oigo, aunque te corrijo,
sin que mi disculpa cuadre,
que por pecados del padre
suele salir malo un hijo.

(Sale Trigueros.)

Trigueros — Un alguacil viene a hablarte.
Mira que viene a buscarte
la justicia.

Pedro — ¿Cuántos son?

Trigueros — Ochenta.

Pedro — ¡Linda ocasión!

Fernando — ¿Qué? ¿Ansí quieras despeñarte,
hermano?

Álvaro — Advierte el amor
de padre, pues que procuro,
en medio de mi rigor,
tu bien.

Pedro — Por mí estoy seguro;
nada me causa temor.

Trigueros — ¿Hay semejante inocencia?

Fernando — A la justicia es prudente
quien la huye.

Pedro — ¿Yo prudencia,
cuando sé que no hay valiente
sin alguna resistencia?

Fernando — Hermano...

Pedro — No te alborotes.

Álvaro — Tu daño en vano resisto.

Trigueros — Señor, seamos Lanzarotes.

Pedro — Yo he de esperar.

Trigueros — ¡Vive Cristo,
que me han de matar a azotes!

Álvaro — Hijo, siquiera por mí

debes tu agravio excusar;
vuelve en la calle por ti.
Allí te puedes mostrar
valiente.

Fernando
Escóndete aquí,
Pedro, si puede mi ruego
contigo.

Trigueros
Y yo también llego
postrado a tus pies de hinojos
o espinazos.

Fernando
Tus enojos
te dejan furioso y ciego.
Guarda la vida y podrás
hacer tu gusto después.

Pedro
Cobardes consejos das.
¿Qué haré, Trigueros?

Trigueros
No des
de comer a Satanás,
pues dicen plumas sutiles
que ganancias de alguaciles,
æpor boca del pueblo habloæ
son pistos para el diablo.

Pedro
Aunque son consejos viles,
los tomo.

(Vase. Va a abrir Trigueros y túrbase. Sale un Alguacil.)

Álvaro
Entre la justicia.

Trigueros Entre.

Alguacil Por fuerza ha de entrar.

Trigueros Lo demás fuera injusticia;
entre en buena hora a mandar
un servidor de Galicia.

Alguacil Señor don Álvaro, entienda
que delitos sin enmienda
es razón que se castiguen,
y pésame que me obliguen
a que en su casa le prenda.
Don Pedro vive tan mal
que es mengua llamarle hijo
de un hombre tan principal.

Álvaro Yo le enmiendo y le corrijo.

Trigueros Hoy se partió a Portugal
por la posta, y antes fuera,
sino que estaba sangrado
un macho de la litera.

Alguacil Muy buena posta ha tomado.

Trigueros (Aparte.) (Entretenerle quisiera
porque se pueda esconder
mi amo.)

Alguacil Yo he de saber
si está en casa.

Trigueros (Aparte.) (Aun no penetra
la verdad.) Pues esta letra
nos dio un ginovés ayer
para un fulano Asmodeo,
mercader en la rúa Nova.

Alguacil Veamos.

Trigueros (Aparte.) (¡Qué si lo creo!
No tengo el alma tan boba
que no [le] entien[do] el deseo.)
Querrá aprovecharse de ella.
Hay letra que a treinta días
vista se paga por ella
y ésta, excusando porfías,
pide treinta para vella.

Álvaro ¡Pesado animal estás!
Algo se ha de hacer por mí,
señor.

Trigueros (Aparte.) (Y por mí algo más.)

Alguacil Traigo el mandamiento aquí.

Trigueros Si es él de «no tardarás»,
dile, puesto en la cabeza,
mente homo.

Fernando (Aparte.) (Si éste empieza,
gastará pesado humor.)
Yo os lo suplico, señor.

Alguacil Fuera ya mucha extrañeza

la mía si aquí mostrara
más rigor; pero advertid
que ha de costar muy cara
la asistencia de Madrid.

Álvaro — Nadie en mi casa le ampara.
A Italia irá.

Trigueros — Bel país.

Alguacil — ¿Qué me miráis con cuidado?

Trigueros — ¿Qué miro?

Fernando — En eso advertís...

Trigueros — Que esbozaste de un traslado
de un regidor de París.

Alguacil — Estimo en mucho el favor,
y sed menos hablador.

Trigueros — Pregunta y si algo discrepo...

Alguacil — Os meteré yo en un cepo.

Trigueros — En una cepa es mejor.

Álvaro — Yo quedo muy satisfecho
del favor que me habéis hecho,
y en más lo pienso servir.

(Déle algo.)

Trigueros (Aparte.)

(Bien lo puede recibir,
que la cura es de provecho.
Con los doctores compiten.
Puesto más dinero, aprueban
aquéllos; pues lo permiten,
porque visitando llevan,
y estoy porque no visiten.)

Alguacil

¿Mandáis, señor, otra cosa?

Álvaro

Que me dejáis obligado,
confieso.

([Vase el Alguacil y] sale Pedro.)

Trigueros

No vive ociosa
la gente; dulce bocado
será.

Fernando

Fue ocasión forzosa.

Pedro

Ya estoy libre del rigor
de la justicia esta vez.

Álvaro

Mas yo, que soy el fiador,
he de ser tu mismo juez
si le pierdes el temor.
Vete de Madrid sin dar
venganza a tus enemigos.

Pedro

¿Ya me quieres desterrar
de Madrid?

Trigueros

¿Faltan amigos

en todo humano lugar?
Dejemos la corte un poco,
que son las cosas que toco
dondequiera que entro y salgo
para podrirse un hidalgo,
y dar de podrido en loco.

Pedro
Resuelto estoy; yo me iré
donde mi suerte me guía.

Álvaro
Cuanto pidas te daré.

Trigueros
Yo voy en tu compañía;
que basta.

Álvaro
Yo buscaré
cartas que importantes sean
para Italia, si allá fueres.

Pedro
Nunca los nobles grangean
por cartas. Si verme quieres
como tus ojos desean,
por ti me pueden honrar,
que es tu principal intento.
Dinero me puedes dar,
que cartas las lleva el viento
matando con esperar.

Trigueros
Más llevo yo de cuarenta
y todas son de favor
si pintan.

Álvaro
¡Qué buena cuenta
dará un mozo pagador!

Pedro — Más mi dilación se aumenta.
¡Despáchame, o vive Dios,
que pues mis locuras sabes,
haga un delito!

Trigueros — Los dos
para un arca de tres llaves
bastamos.

Fernando — ¿Y bastáis vos,
mancebo?

Trigueros — Pues, pese a mí,
¿qué hombre muñeca no sabe
dar luz a un cofre? Yo abrí
alguno estando la llave
cincuenta leguas de aquí;
que aunque la llave esté ausente,
basta su lugarteniente,
[a] quien los griegos llamaron
ganzúa, que bien trataron
el remedio de la gente.
En viéndose una pubona
en una poca apretura,
Caco, su inventor, le abona
metiendo en la cerradura
la que a nadie no perdona.

Álvaro — ¿Cuánto has menester?

Pedro — Dinero.

Álvaro — ¿Qué tanto?

Pedro Dinero.

Álvaro ¿Cuánto?,
pregunto.

Pedro Dinero quiero.

Trigueros Tú no podrás darle tanto
como yo gastarlo espero.
El que presta, da contado;
y sin contar el que da.
Dale a ojo.

Álvaro Más cuidado
me dan tus costumbres ya,
que el dinero mal gastado.
Entra, que a tu bien aspiro,
si bien llorando me admiro
de que te despeñas tanto.
Pedro, Dios te haga un santo.

(Vase don Álvaro.)

Trigueros Toma, cristiano, y no miro.

Pedro Quise atajar de razones,
porque pienso que quería
darme el dinero en sermones.

Trigueros Y predicarlos podía
el buen viejo a los bretones.

Fernando Espera, hermano.

Trigueros Paciencia.

Pedro ¿Qué quieres?

Fernando Oye mi intento.
Ya sabes como en Valencia
se trata mi casamiento.

Pedro Ya sé que doña Clemencia
de Luna ha de ser tu esposa
y que es tu suegro don Diego.

Fernando Pues tu partida es forzosa;
que sea a Valencia te ruego.
Será menos peligrosa.
Si dices que eres mi hermano,
y que mi padre te envía,
que han de regalarte es llano.

Pedro Fernando, admitir querría
tu favor, pero es en vano;
que me pienso desterrar
de suerte, surcando el mar,
por no ver un padre ingrato
que apenas mi nombre y trato
pueda la fama escuchar.

Fernando Yo sé cuando me escuchabas
y que por mí te regías.

Pedro Menos riguroso estabas,
pues a mi padre encubrías
lo que agora le contabas.

Fernando Todo por tu bien ha sido.

Pedro ¿Harto bien te ha parecido
cuando mi gusto destruyas?

Fernando De la justicia es quien huyas
los daños que no has temido.
Vete a Valencia entre tanto
que mi partida prevengo.

Pedro Yo iré; no me ruegues tanto.

Fernando Alma y brazos te prevengo
bañado en piadoso llanto.
Mientras la suerte envidiosa
de tu descanso se olvida,
te regalará mi esposa.

Pedro Ya ve el alma agradecida
tu voluntad generosa.

(Vase Pedro.)

Fernando Oye, Trigueros.

Trigueros Señor.

Fernando Si tienes a Dios temor...

Trigueros Pues, ¿soy algún luterano?

Fernando ...aconséjale a mi hermano
ya que le sirves mejor.

Mira que tu compañía
dicen que le trae perdido.

Trigueros

Miente quien dice la mía;
la suya me ha destruido,
como él lo dirá algún día;
que una vez que me llevó
a ver unas dromedarias,
mi pureza se perdió.
Cosas poco necesarias
te estoy refiriendo yo;
basta que adelante sea
en los consejos Catón.

Fernando

¿Y es justo que ansí se crea
de tu ingenio y tu intención?

Trigueros

Adiós, rigurosa Andrea
de los Alamos del Prado.
Borraré títulos fieros
de tu nombre celebrado,
y perderá el de Trigueros
por espárrago.

Fernando

¡Ya has dado
en tu común necedad!

Trigueros

Ésta es de amor la licencia.
De tan rolliza beldad,
¿quién no ha de llorar la ausencia?
Para moverla a piedad,
¿quieres que en tantos enojos,
cuando ella rinde despojos
al río en mansa corriente,

que llore por mí la puente
si nunca hay agua en sus ojos?
  El río forma querella
de Madrid porque le trata
con tan rigurosa estrella,
que le hace puente de plata
para que huya por ella;
  mas él nos dio la palabra,
como al fin taimado y viejo,
que aunque la puente le labra,
no ha de verse en ese espejo
por más que los ojos abra.
  Pues cuando soy el estanco
de lágrimas que condenas,
¿quieres que piadoso y franco
el río llore mis penas?
¡Sí, echa los ojos en blanco!

(Vase [Trigueros. Sale don Álvaro].)

Fernando
  Irá bien acompañado
mi hermano de este criado;
mas, ¿quién se lo ha de estorbar?

Álvaro
Albricias me puedes dar.
En este pliego ha llegado
  la breve resolución
de tu partida a Valencia
porque hay nueva pretensión
que la ha causado tu ausencia.

Fernando
Mal haya la dilación.

Álvaro
  Fortuna a tu bien dispuesta

te ofrece dichoso estado.
La alegre partida apresta,
pues una mujer te ha dado,
tan hermosa como honesta.
  Dicen que su fama crece
por encerrada y por bella;
y bien la fama merece,
pues parece una doncella
más bien cuando no parece.
  Por ella te doy lugar
que me olvides.

Fernando ¿Yo he de dar
tal pago a quien me dio el ser?

Álvaro ¿No ves que por la mujer
los padres se han de olvidar?
  Tarde mi llanto resisto,
pero es injusta mi queja;
uno se va por mal quisto,
otro por bueno me deja.
¡Nunca tan solo me he visto!
  Llega a mis brazos Fernando.

Fernando Ya espero tu bendición.

Álvaro No sé si podrá llorando
dar fuerzas el corazón
a la lengua; voy turbando
  con el dolor los sentidos.
Dios a mis ojos te vuelva.

(Vase.)

Fernando — Quedaron enternecidos
de la más inculta selva
troncos de rigor vestidos;
pero llevaré un consuelo,
si es que merezca alcanzar
a mi hermano. Quiera el cielo
que yo le pueda encontrar;
mas de su prisa recelo,
que ha de llevarla también,
porque el peligro le avisa
que sus delitos le ven
y siempre viven aprisa
los que no han vivido bien.

(Vase Fernando. Salen don Juan y doña Clemencia.)

Clemencia — En vano me persuades.

Juan — Mis verdades atropellas,
cruel.

Clemencia — Si no he de creellas
¿qué importa que sean verdades?
Sabes que aguardo mi esposo
de Madrid, pues, ¿qué pretendes?

Juan — Vengarme, pues que me ofendes.

Clemencia — Ya eres necio por celoso.
¿De quién te piensas vengar?

Juan — ¡De ti! Y con justo castigo,
pues que siendo tu enemigo,
que ansí me puedo llamar.

Si tú me aborreces tanto,
de suerte obligarte pienso
con un amor tan inmenso,
mezclado en piadoso llanto,
que aunque una tigre feroz
te haya dado el bruto pecho,
viéndome en llanto deshecho,
te ha de enternecer mi voz;
y si templando el rigor
le das vida a mi esperanza,
será la mayor venganza
que vieron tiempo y amor.
Pues si cruel me ofendiste,
de ti me habrás de vengar
viniéndote a sujetar
a quien tanto aborreciste.

Clemencia
Tanto has venido a engañarte
que tu locura lo advierte.
No quiero por no quererte,
¿y he de querer por vengarte?

Juan
Siempre fuiste agradecida.
¿Cómo te muestras cruel?

Clemencia
Porque está en mi pecho fiel
quien ha de regir mi vida.

Juan
Pues, ¿cuándo viste a tu esposo?

Clemencia
¿No basta verle mi padre
para que al alma le cuadre?

Juan
¿Siendo ausente es tan dichoso?

Clemencia ¿No has visto en los pardos velos
la noche con [viles] trajes,
desvaneciendo celajes
y tiranizando cielos,
que con poder absoluto
pregona tinieblas viles
y por los aires sutiles
cuelga doseles de luto?
Y cuando bañada en risa
mueve su carro al oriente
el alba y del Sol ausente,
¿nuevos castigos te avisa
por no afrentarte con ellos?
La noche entre mudas nieblas
va recogiendo tinieblas
y marañando cabellos.
Ansí a tantos resplandores
del Sol, que mi esposo nombras,
se desvanecen las sombras
de los demás pretensores.

Juan ¿Qué luz ni qué resplandor
puede tener el que esperas?
Hombre es de costumbres fieras
el que aguardas.

Clemencia Ya es furor
de los celos quien te obliga;
ofenderle es alaballe.

Juan Es un bruto en rostro y talle.

Clemencia ¿Y qué más?

Juan — Más hay que diga.

Clemencia — ¿Cómo puede ser, don Juan,
si yo tengo su retrato
y de su amoroso trato
bastantes nuevas me dan?

Juan — ¿No dices que es éste un hijo
de Álvaro Ramírez?

Clemencia — Sí.

Juan — Pues yo en la cárcel le vi
de Madrid.

Clemencia — Menos me aflijo
de tu inventada quimera.

Juan — ¡Vive Dios!, que estuvo preso,
y el decir que por travieso
es porque honrarle quisiera.
Y los insultos que ha hecho
han merecido la muerte
mejor que venir a verte
y regalarse en tu pecho.

Clemencia — Si fuera como le pintas,
antes de verme en sus brazos,
muriera hecha pedazos
de un tigre manchado a pintas.
De la más alta montaña
me despeñara furiosa
porque quedara envidiosa

Roma de tan bruta hazaña.

Juan
Como en extremo eres bella,
buscas extremos, señora.
¿No es mejor que quien adora
tu luz, abrasado en ella,
te merezca sin que el tigre
goce tan bellos despojos,
ni que por causarme enojos
tu hermosa vida peligre?
Aunque según me aborreces,
tirana de tus favores,
vendrás a juzgar menores
los peligros que encareces.

Clemencia
Si Fernando no me agrada,
más vale, tu fe admitida,
preciarme de agradecida
que llorar por mal casada.
Tuya seré; y esto es cierto,
si es, como dices, mi esposo.

Juan
Seré el hombre más dichoso
que vio en los naufragios puerto.
Condéname a eterno olvido
si no te he dicho verdad.

(Sale Clara, criada.)

Clara
Escucha una novedad
cuando tu esposo ha venido.

Clemencia
¿Qué dices?

Clara — Que aquí está un hombre
que es hijo...

Clemencia — ¿De quién?

Clara — ¿Mal hice?
...de Álvaro Ramírez dice.
¡Pero es razón que me asombre
su talle y rostro feroz!

Clemencia — ¡Cielos, si es éste mi esposo!

Juan — Ya no seré mentiroso
en todo.

Clara — Hasta en la voz
me ha parecido terrible.
No viene con el retrato
de Fernando.

Clemencia (Aparte.) — (Cielo ingrato,
¿qué no esperado imposible
me ofreces para matar
mi bien nacida esperanza?
¡Amor, ya te doy venganza!)

Clara — Mira, que te quiere hablar.

Clemencia — Pues di que entre. Aguarda, espera.
Dile que mi padre... ¡Ay, triste,
que malas nuevas me diste!
Que no te hallara quisiera,
don Juan.

Juan Yo me iré.

Clemencia Ya es tarde.

(Salen Pedro y Trigueros de camino.)

Pedro Señora, la cortesía
vana en nosotros sería.

Trigueros Dios tu entendimiento guarde.

Clemencia Cubríos, señor, y seáis
a esta casa bienvenido.

Pedro Sí, pues tan dichoso he sido.

Clemencia Corazón, ¿a qué aguardáis
que no reventáis de pena?)

Pedro Mi padre, por estimarme
en tanto, ha querido honrarme
en vuestra casa.

Clemencia (Aparte.) (¿Qué ordena
el cielo con tal rigor
contra mi corta ventura?)
Toda esta casa procura
serviros como a señor.

Pedro ¿Dónde vuestro padre está?

Clemencia Está fuera de Valencia.

Pedro Mucho he de sentir su ausencia.

Clemencia — Mañana, señor, vendrá.

Pedro — ¿Quién es este caballero?
(Aparte.) — (¡No vi más bella mujer!)

Juan — Quien os llega ya a ofrecer,
(Aparte.) — (por el interés que espero),
hacienda y vida. Yo soy
deudo de doña Clemencia.
Resido agora en Valencia
porque en cierto pleito estoy.
Tengo casa en Barcelona,
padres y hacienda, y aquí,
para que os sirváis de mí,
valor que mi pecho abona.
Y creed, si vez alguna
la Fortuna se envidió,
que agora Ocasión me dio
de envidiar vuestra fortuna.
Gocéis vuestra bella esposa
mil siglos.

Pedro (Aparte.) — (¡Válgame Dios!)

Juan — Y quede viendo a los dos
la envidia más vergonzosa.

Clemencia — Por mi parte os agradezco
la lisonja. Don Fernando
os responda.

Pedro (Aparte.) — (¿Estoy soñando?
A un imposible me ofrezco.)

Trigueros, ¿si me han tenido
por mi hermano?

Trigueros ¿No lo has visto?

Pedro (Aparte.) (Pues su belleza conquisto
con solo el nombre fingido,
no el amor; que aunque ésta fue
la primera vez que la vi,
los sentidos le rendí,
el corazón la humillé;
que algunas bellezas son
en el herir y abrasar
rayos que matan sin dar
lugar a la prevención.)
Ya soy don Fernando, amigo,
y no don Pedro.

Trigueros Pues, guía.

Pedro De mi poca cortesía
que me perdonéis os digo;
que me pudo divertir
un pensamiento.

Juan Señor,
no admite tanto rigor
quien os procura servir;
que aunque no me conocéis,
con vuestro padre os he visto
en Madrid.

Pedro (Aparte.) (¡Qué mal resisto
mi fuego!) Razón tenéis.

Trigueros — Estrecha conversación
para deudos me parece
la suya.

Pedro — Que bien merece
tu entendimiento opinión.
Luz has dado a mi deseo;
mas, ¿cómo podré avanzar
si se quieren?

Trigueros — Pasear
la calle.

Clemencia — Cumplirse veo
tu pretensión y si es dicha
de tu favorable estrella,
síguela, si no es que en ella
labra el cielo mi desdicha.
Tuya soy.

Juan — Pues, ¿de qué suerte
mi intento he de conseguir?

Clemencia — Luego te podré advertir
el modo.

Trigueros — Aquesto te advierte
la experiencia de un lacayo
acuchillado de amor.

Pedro — Basta solo tu favor.

Trigueros — ¡Soy un trueno; soy un rayo!

Voyme a poner de pelea
y a ser tenedor de esquinas
esta noche.

(Vase.)

Pedro (Aparte.) (Si divinas
prendas el alma desea,
¿dónde las puedo buscar
más bien que en mujer tan bella?
Todo respeto atropella
una alma que sabe amar.
¡Vive Dios!, que ha de ser mía
si el mundo estorba mi intento!)
Que tanto se tarde siento,
mi señor; que pasa el día
y me siento algo cansado
del camino.

Clemencia En vuestra casa
estáis.

Juan (Aparte.) (El alma me abrasa.)

Pedro No es razón que os cause enfado
quien sin avisaros viene.
Esta noche pasaré
en la posada.

Clemencia Estaré
con cuidado.

Pedro Esto conviene,
señora. Por la mañana

vendré a ver a mi señor
y agradeceré el amor
que os debo.

Clemencia (Aparte.) (Si tanto gana
con el suegro, bien pudiera
quedarse allá.)

Pedro Guárdeos Dios.

Clemencia Y también Él guarde a vos.

Pedro Saber, señora, quisiera
despertar el alba fría
fuera del curso ordinario.

Clemencia Aguardiente y letuario
le quitan el sueño al día.

Pedro Vos, señor, ¿qué me mandáis?

Juan Que me deis quiero pediros
licencia para serviros.

Pedro Bien acompañado estáis.
No habéis de pasar de aquí.

Juan Por no parecer grosero,
me quedo.

Pedro Saberlo espero
si vive valor en mí.

(Vase.)

Clemencia Salte allá fuera, don Juan.
A las manos te ha venido
la Ocasión. Hoy me han vendido
por un marido galán
un hombre a mis ojos fiero.
Tuya desde aquí he de ser;
que una resuelta mujer
vence montañas de acero.
¿Qué determinas?

Juan Sacarte
de tu casa.

Clemencia ¿Cuándo?

Juan Agora.

Clemencia Aguardemos tiempo y hora
conveniente.

Juan He de agradarte
en cuanto mandarme quieras.

Clemencia Ven a las diez.

Juan Contaré
los minutos.

Clemencia Yo estaré
previniendo alas ligeras
al tiempo, que más me agrada
ir, pues mi agravio me alienta,
peregrinando contenta

que aborreciendo casada.

(Sale Trigueros, de noche.)

Trigueros

Luego pasará un mosquito
sin registrarlo, aunque aquí
hallando bodega en mí,
en vano el paso le quito.
Bien pudiera mi señor
avisármelo primero
si de tanto aventurero
he de ser mantenedor;
que van pasando embozados
y me han dado qué pensar
si vienen a tornear.

[Sale Pedro.]

Pedro

¡A mucho obligáis, cuidados!

Trigueros

¿Quién es?

Pedro

Un hombre.

Trigueros

Y lo diga
siempre que hallare ocasión;
que como hay muchos que son
jumentos, el nombre obliga.

Pedro

¿Es Trigueros?

Trigueros

¿No lo ves?
En la soledad que tengo,
como un espárrago vengo.

| | |
|---|---|
| Pedro | ¿Qué ha habido? |
| Trigueros | Pasaron tres;<br>metí mano. Miento. No...<br>ellos metieron primero;<br>largué, pues. |
| Pedro | ¿Eres ligero? |
| Trigueros | Sí, pues nadie me alcanzó. |
| Pedro | ¿Ha llegado a la ventana<br>alguno a hablar? |
| Trigueros | No, señor. |
| Pedro | ¿Eres hombre de valor? |
| Trigueros | Es mi sangre galiciana. |
| Pedro | A la vuelta de la calle<br>he visto un hombre. |
| Trigueros | Pues muera<br>todo bulto. |
| Pedro | ¡Aguarda, espera! |
| Trigueros | No hay que esperar sin matalle;<br>que mi cólera es terciana<br>que me da temprano y tarde.<br>Ya pasó. Dile que aguarde<br>la cólera de mañana. |

Pedro ¿Y si agora es menester?

Trigueros Tomaréla adelantada.

Pedro Tu resolución me agrada.
Lo que aguarda he de saber.
Espera.

(Vase.)

Trigueros Dios le perdone.
No sabe quien va a buscarlo.
Tanto quiero excusarlo.
No puedo más.

[Sale don Juan.]

Juan No corone
el Sol las manzanas de oro;
porque dilatando plazos,
le dé la noche a mis brazos
la bella prenda que adoro.
(Clemencia a lo alto.) Parece que en su ventana,
entre marcos de marfil,
parece el alba gentil
vestida de nieve y grana.
¡Cierta es mi dicha!

Clemencia El deseo
me dice que éste es don Juan.

Trigueros (Aparte.) (En la ratonera están.)

Juan — ¡Vive Dios!, apenas creo
las venturas que me ofrece
el cielo.

Clemencia — ¿Sois vos?

Juan — Yo soy,
que al amor envidia, y doy
del bien que nadie merece.

Clemencia — Dejad lisonjas que dañan
cuando pide ejecuciones
el tiempo.

Trigueros (Aparte.) — (Lindas razones
escucho si no me engañan
los claretes de Valencia
que turban a un elefante.)

Clemencia — Mi amor es niño y gigante,
y con tirana violencia
me persuade a seguiros.
En hábito de hombre voy.

Trigueros (Aparte.) — (¡Bueno!)

Juan — Aguardándoos estoy.

Trigueros (Aparte.) — (¡Vos vendréis a arrepentiros!)

Clemencia — Pues ya bajo.

Juan — Y yo os espero
con el alma agradecida.

([Vase Clemencia]. Sale Pedro.)

Pedro ¿Hay algo?

Trigueros Una olla podrida,
pero ha de sobrar carnero.
Clemencia [está] disfrazada
de hombre, y aquél es don Juan,
su pariente y su galán.
Luego tentarás la espada,
que si te miro con ella
sin la vaina, no sabrás
lo que resta y me darás
mil sustos como a doncella.

Pedro Prosigue, pues.

Trigueros Compendioso
estaré. Ya baja a abrir.

Pedro ¿Qué intenta?

Trigueros Con él se ha de ir.

Pedro A no estar yo tan celoso
y amante...

Trigueros Señor.

Pedro ¿Qué quieres?

Trigueros Estocadita y adiós.
(Metiérame entre los dos;

mas es cuestión de mujeres
y yo soy poco curioso.)

[Vase.]

Pedro

Una palabra quisiera
hablaros.

Juan

¡Fortuna fiera,
de tu poder envidioso
me quejo! ¿Estorbos me pones
cuando tanta gloria espero?
¿Qué me queréis?

Pedro

Lo que os quiero
os diré en breves razones
si me seguís.

Juan

Pues ya os sigo.

(Vanse.)

Trigueros

¡Él llevará su recado!
¡Bueno va! Ya ha comenzado
la danza. Yo soy amigo
de historiar una pendencia
por el gusto de contarla;
porque llegarme a excusarla
es encargar la conciencia.

(Sale Pedro con la espada desnuda. Sale Clemencia vestida de hombre.)

Pedro

¡Esto es hecho!

Trigueros ¡Linda mano
para adobar aceitunas!

Clemencia Estrellas, si ha habido algunas
con imperio soberano
sobre el amor, dadme ayuda
porque me deje el temor.

Pedro La puerta abrieron.

Trigueros Señor,
acudo con lengua muda,
que es la susodicha.

Clemencia Vamos
donde la suerte nos guía.
A Barcelona sería
lo mejor; que en ella estamos
seguros de la justicia.

Pedro Tu gusto he de obedecer.

Trigueros ¡Una estatua me han de hacer
de nabos dentro en Galicia!

(Vanse. [Sale] don Juan herido.)

Juan Ya que tuviste valor
para herirme, no acabaras
mi vida y ansí templaras
la fuerza a mi ardiente amor.
¡Ay, esperanza perdida,
tarde os volveré a cobrar!

(Sale don Fernando, de camino.)

Fernando ¡Si el cielo quiere mostrar
prodigios en mi venida!
Casi al umbral de la puerta
de mi esposa un hombre escucho
herido. ¡Temiendo lucho
con mi amor!

Juan ¡Pues, tengo cierta
la muerte, muera también
mi enemigo!

(Acomete a Fernando.)

Fernando ¡Escucha, advierte,
que otro ha causado tu muerte;
[que yo soy hombre de bien],
y si me quieres decir
quién pudo ser tu ofensor,
te daré todo el favor
que a un hombre puedas pedir.

Juan De esta casa procedió
mi muerte.

(Vase.)

Fernando ¡Válgame el cielo!
Ya no es vano mi recelo.
Con causa el alma temió.
Verdad las cartas dijeron
de la pretensión que había.
¡Todo va en desdicha mía!

[¡Qué verdaderas salieron!]

(Sale un Criado.)

Criado — Ya las luces se perdieron
de esa casa.

Fernando — ¡Desengaños,
mostrad de una vez los daños
que mis sentidos temieron!)
Hidalgo, por cortesía
me decid, ¿qué ha sucedido
en esta casa?

Criado — Ha perdido
la luz por quien se regía.
Mi señora, o ya engañada
o resuelta, en este punto...

Fernando — (¡Ya mis desdichas barrunto!)

Criado — ...de un caballero obligada,
y de la ocasión que ofrece
de su padre un día de ausencia
æque él verá vuelto a Valencia
lo que un descuido mereceæ
dejó su casa y su honor.
Sospecho que es un don Juan
quien la ha robado. Ya irán
caminando; que el temor,
que delitos no perdona,
suele al más fuerte seguir.

Fernando — ¿Sabéis dónde puedan ir?

Criado — Sospecho que a Barcelona;
  que al fin es reino seguro
y el don Juan, si es el ladrón,
vive en ella.

Fernando — En la ocasión
mis venganzas aseguro.
  ¡Cielos, detenedle os pido
y veré con nueva hazaña
si es valiente en la campaña
como en Valencia atrevido!
  Ya me alienta la esperanza
de ver cobrado mi honor.
Noble soy. ¡Denme valor
el agravio y la venganza!

([Vase Fernando]. Sale un Corsario moro y sus moros.)

Corsario — Si este bosque nos ampara,
no podrá faltarnos presa;
que éste es el paso más cierto
de Barcelona.

Moro I — No llegan
a tierra las galeotas
porque si las ven de tierra,
será sin fruto la entrada
y peligrosa la empresa.

Corsario — ¿Sabes quién soy? Pues, ¿qué dices
cuando cristianas banderas
ganadas por este brazo
honran las mezquitas nuestras?

¿Ha habido en Argel cosario
desde que en Corso navegan
africanas galeotas
al fiero cristiano opuestas
que a tu patria vencedora
con tantos despojos vuelva,
de cautivos y pendones,
armas, oro, plata y piedras?
Pues si al valor que conoces
han juntado las estrellas
el dulce amor que me abrasa,
¿qué riesgos hay que lo sean?
Celaura es el Sol que adoro
y a quien mis justas empresas
dirige amor. Quiere el cielo
que nos ofrezca la tierra
alguna presa importante
porque a sus plantas la ofrezca
en vez de amantes lisonjas
y de imposibles promesas.

Moro II
¿Cómo ha de temer la muerte
quien a tu lado pelea?
Acomete y vencerás.

Corsario
Imito en fortuna a César.
Silencio y cuidado, amigos.

(Vanse. Salen don Pedro y Clemencia al entrarse los moros.)

Clemencia
Señor, matarme pudieras
en tu casa, no en el campo.
Confieso que fue la ofensa
grande, pero no de suerte

que deba morir por ella;
que mientras no soy tu esposa,
no ha de correr por tu cuenta
mi honor, aunque fue mi culpa
digna de mayores penas.

Pedro — Ya sé que fuiste engañada;
pierde ya el temor. Sosiega,
que tu delito perdono.

Clemencia (Aparte.) — (Él me engaña con prudencia
para quitarme la vida
sin riesgo suyo.)

Pedro — La siesta
es calurosa a esta parte.
Sombras ofrece la selva;
siéntate y descansarás
mientras mitiga la fuerza
del Sol.

Clemencia (Aparte.) — (Yo seré escarmiento
de las que dejarse llevan
de sus livianos deseos.)

Pedro (Aparte.) — (Oh, quién gozarla pudiera
sin los nudos que me ponen
el temor y la vergüenza!
Solo estoy; ¿cómo es posible
que un hombre en el campo tema
que nunca a Dios ha temido?
Parece que el bosque engendra,
para amparar su hermosura,
hambriento escuadrón de fieras

y que las hojas y ramas
son, en igual competencia,
soldados que la defienden
y murallas que la cercan.)

Clemencia (Aparte.) (Mudado tiene el color.
Con el furor se aconseja;
matarme quiere sin duda.)

Pedro (Aparte.) (Quiero con ruegos vencerla,
aunque si se juzga mía,
¿cómo ha de negar la deuda
de amor?)

Clemencia ¿Cómo no os sentáis,
señor?

(Siéntase [Pedro].)

Pedro Rogarte quisiera...

(Sale don Fernando.)

Fernando (Aparte.) (Aunque su disfraz la encubre,
llevo su imagen impresa.
Cuando la vi en el sarao,
la vez que estuve en Valencia,
encubierto la miré
y agora ofende encubierta
el más generoso amor
que humanos pechos engendran.)
¡Ladrón! ¡Villano! ¿Qué haces?
¿Tan descuidado te asientas
cuando al mismo cielo agravias

y escandalizas la tierra?

Pedro ¡Cielos! ¿Qué es esto que miro?

Fernando ¡Válgame Dios! ¿Con qué nueva
ilusión se engaña el alma?

Clemencia ¡Los cielos conmigo sean!
¿No es éste el original
del que me dieron por prenda
en un retrato? Es sin duda.
Éste es mi esposo y se vengan
sus agravios en mi vida.
¡Qué de temores me cercan
de mi atrevimiento hijos!

Fernando ¡Apenas sabe la lengua
prestar vida a las palabras
por turbada y por suspensa!
¿No eres tú mi hermano?

Pedro Sí.
¿Qué quieres? Ésta es Clemencia,
tu esposa. Yo la robé.
Mira si te hallas con fuerzas
para defender tu honor.

Fernando ¿Cuándo faltara nobleza
en mi pecho y me engendrara
un villano de estas tierras?
Tiene la razón que tengo
tan conocida excelencia,
tantas partes de valor,
tanto brío, tanta fuerza,

que cuando en amparo tuyo
vomitaron esas selvas
más hombres en blanco armados,
que verdes troncos sustentan,
y cada peñasco de estos
trocara Naturaleza
imitando a los gigantes
que el cielo en montañas trueca,
este brazo y esta espada,
como Júpiter enflegra,
dieran, fulminando rayos
nuevo escarmiento a la tierra.

Pedro — Ya sabes que son cobardes
los que prefieren la lengua
a las manos.

Fernando — En las mías
verás la muerte que esperas.

Clemencia — ¡Oh, Fernando, esposo mío,
el dueño soy de tu ofensa!
No tiene culpa tu hermano.

(Sale Trigueros.)

Trigueros — ¿Aun no dejarán que duerma
un cristiano? ¡Mal es esto!

Pedro — ¿Es posible que te atrevas
a quien te hará más pedazos
que has dicho palabras necias?

Trigueros — ¡Don Fernando es! ¡Vive Dios!

¿Quién hay que el suceso crea?
¡Si ha venido por ensalmo!

(Salen Corsario y moros.)

Moro I ¡No se nos vaya la presa!

Moro II ¡Pues acometamos juntos!

Corsario ¡Daos a prisión!

Clemencia ¿Hay más nuevas
desdichas hoy?

Pedro ¡Don Fernando,
agora verás si alientas
el valor en el peligro!

Fernando ¡La mía es tu causa mesma!
Ya sabes que es imposible
vencerme en valor ni en fuerzas,
y que ha de cantar la fama
con mi valor tu defensa.
Pues, porque no diga el mundo
que a un hombre solo le deja
el alma en viles despojos,
ponte a mi lado y sustenta
hasta morir el valor
que de nuestro padre heredas.

Corsario ¿A qué aguardáis a rendiros?

Pedro Solo aguardo la respuesta
de un hombre que no os estima

por la poca resistencia
que habéis de hacer a su espada.

Fernando — ¿Tú me animas y aconsejas?

Corsario — ¿Sabes que soy el cosario
de quien estos mares tiemblan
y que un escuadrón armado
te acomete? Pues, ¿qué esperas?

Pedro — Presto lo verás.

(Acuchíllanse.)

Clemencia — Trigueros,
¿qué desventuras son éstas?

Trigueros — Pues, ¿a mí me lo preguntas
cuando es ya fuerza que aprenda
a majar esparto?

Clemencia — ¡Ay, cielos!
¡Ya cayó Fernando en tierra!

Trigueros — ¡Y mi señor defendiendo
al pobre hermano se esfuerza
como un Roldán!

Clemencia — Poco importa,
si tantos moros le cercan.

Trigueros — ¡Huyamos!

Clemencia — Será imposible;

que amor y temor me fuerzan
a que su fortuna aguarde.

(Sácanlos atados y Pedro herido.)

Trigueros (Aparte.) (Aquí aprovecha una treta.)
Perros cativar también
y a dar venganza a Zulema.
¡Agora pagar el palos
que me dar en vosa tierra!

Corsario ¿Quién eres?

Trigueros Ser un morisco
que venir chiquito al teta
de Fatima y ser catebo
[.................. e-a]
en Marrocos.

Corsario Pues hoy ganas
la libertad que deseas.

Fernando ¿Qué es lo que intenta este bruto?

Trigueros Dacar vos el manos, perra,
que agora servirme a mí.

Moro I Ya los esquifes te esperan.

Corsario ¡Pues, a la mar!

Clemencia ¿Estás loco,
Trigueros?

Trigueros Si eres discreta,
¿cómo no ves lo que importa
mi industria y mi diligencia?

Clemencia ¡Hoy mis esperanzas mueren!

Pedro Padre, bien vengado quedas
de tu inobediente hijo.

Moro II ¡Buen robo!

Corsario ¡Gallarda presa!

Fin de la primera jornada

## Jornada segunda

([Salen] el Rey, Celaura, Corsario, Pedro, don Fernando, Clemencia y Trigueros.)

Rey

Mucho, capitán, me agradas
con tu relación.

Corsario

Prosigo.

Celaura (Aparte.)

(Al paso que tú me enfadas.)

Corsario

La verdad, señor, te digo.
No hay más valientes espadas
en África. Pelearon
de suerte que nos dejaron
con envidia. Aunque vencidos,
como dos toros heridos
en nuestro escuadrón entraron;
mas de la suerte que envía
luz hermosa, ausente el día,
a las estrellas el Sol,
así este bravo español
en valor resplandecía.
Que aunque su hermano pelea
gallardo, animoso y fiero,
y nombre eterno granjea,
que basta ser caballero
para que valiente sea,
éste, que furioso advierte
corazón robusto y fuerte,
nos enseñaba arrogante
en cada brazo un gigante
y en cada golpe una muerte.

¿No has visto, trepando cerros,
manchar de espuma las flores
espín coronado a hierros,
derribando cazadores
y desbaratando perros,
que con el rabioso diente,
mirando a l[a] escuadra enfrente,
con el fuego en que se abrasa,
tronchando venablos pasa
más veloz que rayo ardiente?
Así el que miras suspenso
fue un rayo en nuestro escuadrón.

Celaura (Aparte.) (Por eso rendirle pienso
el humilde corazón.)

Corsario Quedé a su valor inmenso
obligado, y de manera
que si no lo atribuyera
el mundo a mengua notoria,
le dejara la victoria
y yo su cautivo fuera.
Di la presa al mar, contento
de mi heroico vencimiento,
porque ya conoce el mar
que si no me ve triunfar
lo ha de pagar su elemento.
Corrí las costas de España
sin escaparse persona
de cuantos mi astucia engaña
desde el mar de Barcelona
al mar que el estrecho baña.
Seis meses ha que salí
de Argel, y aunque siempre fui

dichoso en empresas [s]antas,
tú me das con honras tantas
los que jamás merecí.
   Y pues que disponga quieres
ya de la presa mejor
y en el favor me prefieres,
les doy por dueño y señor
a tu hermana.

Celaura (Aparte.) (¡Nunca esperes
favor de quien te aborrece!)

Corsario Señora, humilde os ofrece,
si bien sois del mundo el dueño,
un alma en don tan pequeño
quien ya por la fe os merece;
   que aunque son atrevimientos
æmirando vuestro valor,
hielos de mis pensamientosæ
tiene la fe de mi amor
iguales merecimientos.
   Estos cautivos cristianos
por trofeos soberanos
rindo a vuestras plantas bellas,
si puede quien pisa estrellas
tocar despojos humanos.

Celaura    Generosa cortesía
merece tu ofrecimiento.
Ya corre por cuenta mía
debido agradecimiento.
(Aparte.) (Parece que amor me envía
   cuando comienza a causar
penas; que me han de acabar

en ocasiones, con hielos.
Gracias les doy a los cielos
que saben mi bien trazar.)
Ya cristiano eres mío.

Pedro — Llamarme puedo dichoso
con tal dueño.

Celaura — Ilustre brío
de español muy valeroso
te pintan.

Pedro — Cuando yo envío
quejas a mi suerte avara,
viendo mi flaqueza clara
y mi cobarde temor,
tú me atribuyes valor.
Si yo en el campo dejara
la vida, volar pudiera
mi fama, pero vencido,
es loco el que fama espera.
Mi valor ha encarecido
quien el suyo honrar quisiera;
pues confesando valor
al vencido, aumenta honor,
siendo en los pasos crueles
su alabanza los laureles
del soberbio vencedor.
Demás que fuera locura
del que ofrecerte quisiera,
siendo lisonja segura,
hombre que en valor no fuera
igual con tu hermosura,
y siendo imposible aquí

que a tanta belleza exceda
mi esfuerzo, atribuye en mí
el que parece que pueda
ser lisonja para ti.

Corsario (Aparte.) (¡Por los soberanos cielos
que no cause más desvelos
a Roma el soberbio Atila!)

Celaura Tu espada en la muerte afila
para matarte de celos;
que mal tu discurso ordena
como el que lleva a cantar
músicos con alma llena
de amor que piensa ganar
gracias con la gracia ajena.

Rey Considero, capitán,
que más fama te darán
si al gran señor los presentas;
pues al paso que la aumentas,
tus precios creciendo van.
A Constantinopla es justo
que estos cristianos envíe.

Celaura ¿Qué ordenas, hermano injusto?

Corsario (Aparte.) (¡Que así mi intento desvíe
por un lisonjero gusto!)
¿Tan tributario has de ser
del gran señor? No ha de haber
presa en Argel de importancia
que la goces.

Rey La ganancia
fue del sembrar el coger;
así pretendo ganar
la gracia.

Corsario Y yo pretendía
la tuya, dando lugar
a tu gusto el mismo día
que de él me quise privar;
que aunque de Marte el furor
es mi oficio, suele amor
vencer pechos de diamante.
Ésta que miras delante
es mujer; mira el valor
de mi pecho en su hermosura,
pues te la ofrezco.

Rey Tu voz
fue agora, en la niebla oscura
del traje, viento veloz
que mostró su lumbre pura
como suele el Sol cubierto
de nubes. El precio cierto
tienes. No saldrán de Argel.

Corsario (Aparte.) (Porque mi dueño cruel
dé a mis esperanzas puerto.)

Rey Todos cuatro servirán
a mi hermana.

Trigueros No entender
que hacer.

Corsario — Aquí no están
más de tres.

Trigueros — Alá hacer
vos forte capetán.

Rey — ¿Quién es este?

Trigueros — Ser catebo
en Espania, e ser ya esclavo
de vosancé.

Rey — No es muy nuevo
el suceso.

Trigueros (Aparte.) — (¡Está muy bravo
este perro!)

Pedro (Aparte.) — (Aún no me atrevo
a pensar con qué intención
agrava nuestra prisión
Trigueros.)

Trigueros — Sonior, ponelde
en mazmorra e yo molelde
a palos.

Corsario — Como ve ocasión
querrá vengarse.

Clemencia (Aparte.) — (¿Hay rigor
de Fortuna más cruel?)

Rey — ¿Cómo te llamas?

Trigueros Sonior,
Zulema Trigueros.

Rey De él
puede fiarse mejor
su guarda.

Corsario Y es conveniente
porque es gente principal
y de rescate.

Celaura No intente
la mano más liberal
con los tesoros de oriente
su rescate, que es en vano.

Rey Ya son tuyos y en tu mano
vive ya su libertad.

Corsario Solo vuestra voluntad
es su dueño soberano,
aunque no pueden tardar
ya sus frailes redentores.

Trigueros Sí, porque nos cativar
cuando agosto hacer calores
e ya en el dezembre estar.

(Disparan.)

Moro I [Un barco aquí está llegando;]
ya se están desembarcando
los redentores de España

y un viejo los acompaña
que dos hijos va buscando.

Rey

Pues salvo conducto tiene,
licencia es bien que le demos.
[Entren pues; que nos conviene.]

Fernando

Pedro, dichosos seremos
si es nuestro padre el que viene.

Rey

Cristiano, no tengas pena
que el cielo tu dicha ordena
en mi casa.

Clemencia

El cielo guarde
tu vida.

(Vase.)

Celaura (Aparte.)

(¡No seas cobarde,
Amor!)

Corsario (Aparte.)

(Su ley enajena
mis sentidos y el temor.
Las esperanzas derriba
de mi mal premiado amor.)

(Vase.)

Celaura

Ya ves que en mi gusto estriba,
cristiano, tu bien mayor.
Pues procúrame agradar
si pretendes alcanzar
la libertad que deseas.

Pedro | El mundo a tus plantas veas.

Trigueros | Yo le saber enseniar
aguardar de vosancé
el mandamiento, soniora.

Celaura | Tu cuidado premiaré,
moro.

(Vase.)

Trigueros | La galga te adora;
bien llano su amor se ve.

Pedro | Y tu extraño pensamiento.
¿Quién entenderlo podrá?
Sabes, Trigueros, que siento
que eres moro.

Trigueros | ¡Mentirá
todo hombre! En mi nacimiento
honrarse Pelayo espera.
Y si aquel apóstol payo
morisco me conociera,
me escogiera por lacayo
cuando a Galicia viniera.
Si estoy libre, ¿no daré
mediata tu libertad?
Más fácil es, bien se ve
de tu ingrata voluntad,
la muestra; pues yo me iré
donde no me veas jamás.

Pedro ¡Trigueros, espera, aguarda!

Trigueros No quiero.

Pedro Pesado estás.
Si te dejaron por guarda
nuestra, ¿para qué te vas?

Trigueros ¿Qué quieres?

Pedro Me va la vida
en que eches de aquí a mi hermano.

Trigueros ¿El amor no se te olvida
siendo esclavo?

Pedro Es un tirano
y tiene el alma rendida.
Cuando esté el cuerpo en prisión,
quiero gozar la ocasión
de templar su enojo y furia,
porque atribuye esta injuria
a mi amorosa pasión.

Trigueros Déjame el cuidado a mí.
¡Perro, camenar comego!

Fernando Trigueros, ¿estás en ti?

Clemencia ¡A verte sin seso llego!

Pedro (Aparte.) (Dichoso en mis males fui.)

Trigueros E vos, esperalde un poco.

¡Andar crestiano!

Fernando ¿Estás loco?

Trigueros Saber Mahomá que hacer.
No gastar tempo. Vener
al mazmorra.

Fernando ¡Agravios toco
fuera del límite humano!

Clemencia ¿Dónde le llevas, Trigueros?

Trigueros A la calaboso.

Pedro Hermano,
culpa es de los hados fieros
darle venganza a un tirano.

Fernando La culpa tú la has tenido
del mal que hemos padecido.
Pues por robarme a mi esposa,
somos esclavos.

(Llévalo.)

Pedro Dichosa
mi extraña fortuna ha sido;
pues piadosa y liberal
me ha dado el consuelo igual
a tu furioso desdén,
porque resplandezca el bien
entre las sombras del mal.
Clemencia, a gloria atribuyo

la prisión de un alma fiel;
pues ni la dejo ni huyo;
que aunque me ves en Argel,
solo soy esclavo tuyo.
  Viva el moro satisfecho
del robo y presa que ha hecho;
que no hay para darme enojos
más cosarios que tus ojos,
ni más Argel que tu pecho.

Clemencia

  Cuando llegaba a entender
que el peligro y el rigor
aquí te habían de volver
la vergüenza y el temor
que allá pudiste perder,
  te olvidas tanto de ti
que resucitas así
huesos en montes de hielo;
mas quien olvida a los cielos,
jamás se acuerda de sí.
  En vano ruegas, villano,
cuando yo a tu hermano adoro.
¿Quieres, lascivo y tirano,
que el cuerpo en poder de un moro
dé el alma a un moro cristiano?
  Que, porque el mundo se asombre
no te queda más del nombre,
y aun no sé si el nombre quieres,
pues las obras dicen que eres
fiera transformada en hombre.

Pedro

  Mal pudiera, siendo fiera,
rendirte el pecho jamás.
Bellísimo dueño, espera.

Vuélveme el alma y podrás
escaparte más ligera;
  que si por blasones tienes
huir, a engañarte vienes
por más que las plantas muevas.
Pues, va el alma que me llevas
pesada con tus desdenes.
  Mira que estoy tan perdido
que daré con locas voces
como eres hombre fingido.

Clemencia

Poco mi valor conoces
y poco tu agravio ha sido.
  Mi muerte, ¿qué ha de importarte?
¿Y del dolor fueses parte?
Más quiero y debo elegir,
por no agradarte, morir
que vivir para escucharte.
  Demás que cuando se entienda
que soy mujer, ¿qué delito
será, ya que [a mí] me ofenda
el rey cuando no hay escrito
crimen que en vano defienda?

Pedro

  Amenazas son de amor.
Templa, señora, el rigor;
pues, vencedora, me ves
rendido y muerto a tus pies.

([Sale] el Rey.)

Rey (Aparte.)

(Celos engendra el amor.
  No es vano mi pensamiento.
¡Vio el alma lo que temía!)

Clemencia — Voces das sin fruto al viento.

Pedro — Rigurosa estás.

Clemencia — ¡Desvía!

Rey (Aparte.) — (De justo enojo reviento.)
¿Qué haces, cristiano?

Pedro (Aparte.) — (¡Ah, tirano!
Amor mis desdichas lloro.)
Rogábale, y es en vano,
que no se volviese moro.

Clemencia — Que deje de ser cristiano
pienso que me persuadía.

Rey — Dejará tu compañía,
si es que te llega a enfadar.

Clemencia — Eso le puedes mandar.

Pedro (Aparte.) — (¡Murió la esperanza mía!)

Rey — Cristiano, desde hoy advierte
que si hablar con él te veo,
lo has de pagar con la muerte.

Pedro — Obedecerte deseo,
pues gano en obedecerte.

Rey — No andes más donde él esté.

Clemencia (Aparte.) (¡Dichosa en mis males soy!)

Rey ¡Anda, vete!

Pedro Ya me iré.

Rey ¿Cómo no te vas?

Pedro Ya voy.
(Aparte.) (Pero sin alma. No sé...
Sospecho que el rey entiende
que es mujer. Amor se enciende
en atrevidos antojos.
¡Mataréle si a mis ojos
la regala y la pretende!)

Rey ¿No te has ido?

Pedro Quiero hablarle,
señor, para preguntarle
por su nombre y su lugar.

Rey ¿Para qué?

Pedro Para avisar
que vengan a rescatarle.

Rey No te canses, que de Argel
no ha de librarse jamás.

Pedro Si eres bárbaro, cruel
y cobarde.)

Rey ¿No te vas?

Pedro (Aparte.)

Ya me voy. (¡Qué advierta en él
mis amorosos cuidados
y que los goce permito!
¡Celos matadme vengados!)

(Vase.)

Rey

Pues este enfado te quito,
no culparás mis enfados.
Nunca hay prodigio encubierto,
si tiempo y fama advierto,
y como el de tu belleza
excede a Naturaleza,
la fama lo ha descubierto.
¡Bella imagen soberana
del Sol, un alma te adora!

Clemencia

Eso me dirás mañana
más despacio.

Rey

Pues agora,
¿por qué no?

Clemencia

Viene tu hermana.

(Vanse [Clemencia y el Rey. Salen don Álvaro], padre y don Fernando.)

Álvaro

Vuélveme a abrazar, Fernando,
ya que verte he merecido.
Mientras de mi cuello asido
resisto al dolor llorando.
No hay contento que me cuadre
sin ti; que un hijo en rigor,

si es bueno, es merecedor
de todo el amor de un padre.
  Apenas supe el suceso
de tu desdicha y la mía
cuando hirvió la sangre fría
con un amoroso exceso.
  De Valencia me avisaron
y si mis penas crecieron,
bríos pasados volvieron
y mi vejez alentaron.
  Di el rescate y como en él
puede mi bien prevenir,
por salirte a recibir
y no he parado hasta Argel.
  A los frailes que han venido
a redimir acompaño,
y el pecho en lágrimas baño
de tu amor enternecido.
  Pues de tu hermano...

Fernando — A mi afrenta,
silencio y vergüenza debo
por no afrentarte de nuevo
con las maldades que intenta.
  Le dio materia al dolor
que padeces. Aun los labios
temen contar mis agravios;
pues el agravio mayor,
  que como el dolor se mengua,
le refiere la memoria
la más afrentosa historia
que cabe en pluma ni lengua,
  y mi desdicha presente,
antiguas memorias priva,

falta pluma que la escriba,
pues no hay lengua que la cuente,
  y así vas considerando
que va mi afrenta creciendo,
pues la padecí sufriendo
y la he de sufrir callando.

Álvaro

  Fernando, engañado estás.
Eso será si la afrenta
quien la padece la cuenta
a quien la excusa no más;
  que como no le enternece
fuerza de sangre y amor,
se vuelve entero el dolor
al mismo que la padece;
  pero a mí no estés dudando,
cuando amor me está alentando,
que la vaya padeciendo
como la fueres contando.

Fernando

  Pedro, al fin con alma fiera,
entró en casa de mi esposa
y con industria engañosa
una noche...

Álvaro

  ¡Aguarda, espera!
  No lo acabes de decir
si no me quieres matar;
que no lo podré escuchar
sin ayudarme a sentir.
  Pero, prosigue, pues ves,
sin que mi dolor se ablande,
que el de la duda es tan grande
como el de saber lo que es.

Fernando

Robó mi esposa y seguí
sus pasos con tanto engaño
que hice autor de mi daño
a quien jamás conocí,
porque de un hermano dudo
que tal se pueda esperar.
Llegué al mar y templó el mar
fuego que el temor no pudo.
Salió de emboscada un moro
con un escuadrón cruel
y presos nos trujo a Argel
donde mis desdichas lloro.

Álvaro

¡Válgame el cielo! ¡Ah, tirano!
¡Plega a Dios...!

Fernando

No le maldigas,
señor.

Álvaro

Con eso me obligas
a que aborrezco a tu hermano;
pues viendo el piadoso amor
que tienes a quien te ofende,
mi pecho helado se enciende
en un ardiente furor.

Fernando

Pues mal podré agradecer
la voluntad que me tienes
si tú a confesarme vienes
que la vengo a merecer;
que ésta de derecho es mía,
que no la puedes negar.
La que me puedes quitar

es la que por él pedía;
que como fiero y cruel,
no sabe obligarte a ti,
aunque la quites de mí,
pido tu amor para él.

Álvaro

A Dios imitando vas
y yo tus pasos imito,
pues busco amor infinito
por poder quererte más.
Abre mi pecho, pues quieres
darlo con pródiga mano,
y reparte con tu hermano
todo el amor que quisieres.

(Salga Pedro.)

Fernando

Él viene aquí. Hermano mío,
mira si debes amor
a quien olvida el rigor
del mar en invierno frío
y animando su vejez
cuando más riesgos previene,
hoy a rescatarnos viene.

Pedro

¿Eres de su pecho juez?
¿Cómo sabes que ha venido
por mí? Si solo estuviera,
yo sé que jamás viniera.
Tú, Fernando, le has traído.

Fernando

¿Su amor le pagas ansí?

Pedro

Quien de su casa me echó,

¿quieres tú que entienda yo
que ha venido a Argel por mí?

Álvaro ¿Con ese agradecimiento
me recibes?

Pedro ¡Vive Dios,
que quiere obligar a dos
trayendo solo un intento?
No te agradezco el cuidado,
pues sé que a ofenderme vienes,
porque el amor que le tienes,
conmigo lo has disfrazado.

Álvaro Dudaré la salvación
de un hombre a quien Dios envía
más trabajos, y él porfía
en su misma obstinación.
Ingrato a Dios quien desvela
de la verdad su juicio;
pues al mismo beneficio
le das nombre de cautela.
Si con ser malo, te igualo
al bueno y por ti daré
la sangre, ¿te dejaré
adonde puedas ser malo?
Cuando a tus ojos parezco
que en ti ejecuto crueldades,
aborrezco tus maldades
y a ti jamás te aborrezco.
Mas como te siento aquí
tan preso y asido a ellas,
cuando llego a aborrecellas,
piensas que te busco a ti.

Pedro

  Con eso me indignas más.
Rescátame si quisieres,
pues tanto por mí te mueres
que hasta la sangre me das.

Fernando

  Ya viene el rey. De su hermana
somos esclavos, señor.

Pedro

Por eso será mayor
el rescate.

Fernando

          ¿Tan tirana
  ha de ser una mujer
............
............
............... [ -er];
  que no la obligue tu llanto?

Álvaro

¿Y tu esposa?

Fernando

          Esclava es
de la infanta.

Álvaro

          El interés
recelo que baste a tanto;
  que de los dos solamente
me avisaron la prisión.

Fernando

El rey tendrá compasión
de tus años.

Pedro

          ¡Qué imprudente
  estás como has encubierto

que ha venido disfrazada
Clemencia!

Fernando — Ha sido acertada
tu advertencia.

Alberto — Ya estoy cierto
de lo que importa pedir.

([Salen] el Rey, la infanta [Celaura]. y el Corsario.)

Rey (Aparte.) — (No pintan a la mañana
más bella que a esta cristiana.)

Celaura (Aparte.) — (Hoy le pienso descubrir
mi amoroso pensamiento.)

Álvaro — Señor, a tus plantas llega
quien golfos de amor navega
siendo suspiros el viento.
Estos esclavos que ves,
dichosos porque han venido
a tu casa, me han traído
humilde a besar tu pies.
Son mis hijos, y también
tienes un sobrino mío.

Rey — Alza.

Álvaro — En tu clemencia fío
que has de despacharme bien.

Rey — Por el muchacho que pides
me hablaron ya y le ofrecí.

Álvaro ¿Qué tan venturoso fui?

Rey Yo haré que presto le olvides.
Vuestros frailes tratan ya
su rescate. Por su cuenta
corre.

Celaura (Aparte.) (Mi hermano, ¿qué intenta?)
Con ellos el mozo irá.

Rey Tú puedes llevar tus hijos
sin que en rescate repares.

Álvaro Ya son más que mis pesares
mis glorias y regocijos.
Constantinopla jamás
goce tributo de Argel.

Celaura No te he visto tan cruel.
¿Tan falso conmigo estás?
Si estos esclavos son míos,
¿cómo quieres rescatarlos?

Rey Porque quisiera abrasarlos
por celosos desvaríos.
Mátame el uno de celos,
y por no verle le diera
mi corona. Considera
que están pidiendo a los cielos
piedad las lágrimas tiernas
de este viejo, y es razón
consolarle.

Celaura ¿Y la opinión,
por quien el reino gobiernas,
de Lidoro, que a tus puertos
arroja leños cristianos
más que Libia tiene granos
de arena al Sol descubiertos?
¿Es justo ofenderle así,
menospreciando el despojo
que me ofrece? No me enojo
sin causa.

Corsario (Aparte.) (Mis glorias vi,
entre esperanzas difuntas,
renacer con alma nueva.
¡Ésta es de su amor la prueba!)

Rey Aunque tu ofensa barruntas,
no has de pensar que fue intento
de enojarte; pero advierte
que ha sido inviolable y fuerte
la palabra que sustento.
Mandéles y he de cumplir
mi palabra.

Celaura No es empeño
de la palabra si el dueño
no se la deja cumplir.
Mis esclavos son. ¡No puedes
disponer de ellos!

Álvaro Señora,
de ti esperamos agora
más soberanas mercedes.
No me permitas que vuelva

sin mis hijos.

Rey

Ya es crueldad
la tuya.

Celaura

Y será amistad
en que agora me resuelva
a dar el uno.

Rey

Tu gusto
estimo.

Celaura

Su padre vea
cuál ha de ser.

Álvaro

Que no sea
un decreto tan injusto,
ruego al cielo.

Rey

Esto ha de ser;
uno solo has de llevar.

Álvaro

¿Con quién me he de aconsejar
para animarme a escoger?
Vaya libre el que me quitas
y yo quedaré por él.

Rey

Yo vendré a ser más cruel.

Celaura (Aparte.)

(Quiera el cielo que no admitas
a quien al alma rendí.)

Rey

Si no permiten los cielos
que elija al que me da celos,

sentirá mi furia en [sí].

Corsario — Estimo en mucho el intento
con que el esclavo detienes.

Celaura — Pues me has entendido, tienes
muy gallardo entendimiento.
(Aparte.) (Si a Pedro escoge, he de hacer
de modo que no lo lleve;
porque a imposibles se atreve
el amor en la mujer.)

(Vanse [el Rey, Celaura y el Corsario]. Quedan solos padre e hijos.)

Álvaro — ¡Paso estrecho, rigurosa
sentencia!

Pedro — ¿Qué determinas?
¿A cuál de los dos te inclinas?

Álvaro — Será la elección forzosa.

Pedro — De tu clemencia piadosa
no ha mucho que blasonabas.
Tú dijiste que me amabas;
pues si al vivir me prefieres,
veré agora si me quieres
o si entonces me engañabas.

Álvaro — Espera, Pedro, un momento.
Tomaré resolución
en la más fuerte ocasión
que cabe en entendimiento.
Asidas al alma siento]

dos partes y la mejor
pide a voces más favor;
mas al dársela atrevido,
hallo como la otra olvido,
que es invencible dolor.
  Mas si por fuerza ha de ser,
quisiera al cielo pedir
que me dejase morir
acabando de escoger.
Pero si me ha de vencer
un dolor tan excesivo,
presto mi muerte apercibo
y a mí me estaría mejor
porque no pueda el amor
culparme si me halla vivo.
  éste es mi espejo, y aquél
el hijo y si aquí le dejo,
cuando me mire en mi espejo
miraré un padre cruel.
Si dejo el bueno por él,
no será consejo cuerdo,
pues de su virtud me acuerdo
y que he de perder es llano
el contento del que sano
con el dolor del que pierdo.
  Mas si la virtud merece
premios aun del mismo Dios,
¿no he de escoger de los dos
al que en virtud resplandece?
Pero si el otro carece
de la luz que viene a dar
el Sol que le ha de juzgar
las culpas que cometió.
¿es bien que le deje yo

donde acabe de cegar?

Fernando

Padre, tan suspenso estás
que viven dudas en ti.
Déjame escoger a mí
y de las dudas saldrás.
Mi hermano merece más
y que le libres te pido,
que él podrá culpar tu olvido
y a mí me basta por gloria
las veces que en tu memoria
me has llamado el escogido.

Álvaro

¡Vive Dios!, que tú has de ser
el escogido y llamado,
que tu humildad me ha quitado
las dudas del escoger.
Si es que un hijo he de perder
en pena y congoja tanta,
hoy con lágrimas te canta
por el mejor de los dos
un padre que imita a Dios,
pues los humildes levanta.

Pedro

¿Qué dices?

Álvaro

Que me perdones,
hijo, te vengo a rogar,
si merecen alcanzar
mis lágrimas tus perdones.

Pedro

¡En ocasiones me pones
que te han de costar bien caras!
Tú vieras, si me llevaras

y tan ciego no estuvieras,
el provecho que me hicieras
y el daño que me estorbaras.
Al fin me quedo en Argel
por ti.

Álvaro — Fernando, ¿qué haré?
Pero no porque seré
más que piadoso cruel.
Tú librado, piérdase él.
¡Qué no se pierde por mí!
Piadoso mientras cogí
y si al dar la cuenta mía
Dios me le decide algún día,
te pondré delante a ti.

([Salen] el Rey, Celaura y Corsario.)

Rey — ¿Estás ya determinado?

Álvaro — Sí, señor.

Pedro — Mira primero
lo que haces.

Celaura (Aparte.) — (Hoy espero
pena o gloria en mi cuidado.)

Álvaro — Éste es el que ha granjeado
mi voluntad.

Celaura (Aparte.) — (¡Venció Amor!)

Rey — ¿No fuera el otro mejor?

Álvaro
Éste es a quien yo me inclino.

Rey
Pues, dártele determino.

Álvaro
Beso tus plantas, señor.

Celaura
   Manda que se partan luego
y estimarán la amistad.

Rey
A quien doy la libertad,
¿cuándo la partida niego?

Álvaro
De lástima no me llego
a tus brazos.

Pedro
                ¡Qué me dejas
cautivo!

Álvaro
          Sordas orejas
entre mi piadoso llanto,
tente cual sierpe al encanto,
para no escuchar tus quejas.
   Vamos Fernando. ¡Ay de mí!

Pedro
Escucha antes que te vayas,
pues en crueldades te ensayas,
ya ves que el riesgo advertí
que tiene el dejarme aquí.
Pero a bárbaro te igualo,
pues cuando el riesgo señalo
del alma que ya condeno,
tienes lástima del bueno
dejando perder al malo.

Malo soy en tu opinión;
mas no has llegado a creer
que tanto lo puedo ser
como me das la ocasión.
Tú ordenas mi perdición.
Sin fruto, padre conquisto
tu pecho, pues ya que he visto
que vives de amor tan ciego
de mi hermano, yo reniego.
¡Moro soy, y pierdo a Cristo!

Álvaro ¡Jesús me valga!

Pedro Echó el sello
mi postrera voluntad.
¡Moro desde hoy me llamad!

Rey Mis brazos daré a tu cuello.
Hoy mi disgusto atropello,
valiente caudillo mío.

Celaura (Aparte.) (Ya es dueño de mi albedrío.
¡Bien me supo granjear!)

Álvaro ¡Moros, dejadme llegar!

Pedro De tus lágrimas me río.

Álvaro ¡Un tigre soy enojado!
¡Dejad que me satisfaga
en su vida y que deshaga
el mismo ser que le he dado!
Su enemigo declarado
soy. El traidor se engañó

cuando padre me llamó.
Que pues con lengua infernal
niega al Padre Universal,
bien puedo negarle yo.

Corsario — ¡Aparta, caduco viejo!

Álvaro — Oye, Pedro...

Pedro — ¿Ya me ruegas?
¡Vete, loco!

Álvaro — ¿A Cristo niegas,
Pedro?

Pedro — ¡Qué gentil consejo!
¡Y a qué tiempo! Pues te dejo
por loco y por imprudente.

Rey — Serás de mi reino y gente
estimado y preferido.

Celaura (Aparte.) — (Y de una infanta querido,
por gallardo y por valiente.)

(Vanse [el Rey, Pedro, Celaura, y Corsario].)

Álvaro — Fernando.

Fernando — ¿Padre y señor?

Álvaro — Bien consolados iremos,
siendo iguales los extremos
del espanto y del dolor.

Pero mi culpable error,
que en la experiencia condeno,
me dice de penas lleno
que si hay riesgo de perderse,
debe el malo recogerse
antes que premiarse el bueno.
Déme Dios dolor eterno
por descanso y por regalo,
pues que soy árbol tan malo
que fruto doy al infierno.
Déme Dios un llanto tierno
en vez de humana alegría.
¿Hay desdicha cual la mía?
Sí, Adán fue mejor que yo
y lo mismo sucedió
en los hijos que tenía.

Fernando ¡Nunca en tu amor paternal
me hubieras tú preferido!
¡Fuera yo el aborrecido
y en cautiverio inmortal
llorara mi eterno mal!
No sentiríamos en vano
que llore un padre cristiano
un hijo moro, y que yo,
a un hombre que a Dios negó,
pueda decir que es mi hermano.

(Salga Clemencia.)

Clemencia Padre, que este nombre debo
al amor que me has tenido,
que a ver mi muerte has venido
por un suceso tan nuevo,

y tú, cuyo amor apruebo,
por constante y generoso,
¿Cómo en riesgo tan forzoso
me queréis los dos dejar,
permitiéndome quejar
de amor de padre y de esposo?
  Siempre amor se ha conocido,
y es bien que el discurso os cuadre,
en los afectos del padre
y en finezas de un marido.
Que no me dejéis os pido
en poder de un hombre infiel;
que es la crueldad el pincel
con que el bruto pecho esmalta,
y hombre a quien piedad le falta,
mal podré yo hallarla en él.

Fernando

  Padre y señor, justamente
merece favor y amparo.

Álvaro

¿No ves el peligro claro?

Fernando

Miro su riesgo presente.
No cubran su hermoso oriente
nubes de medrosos hielos.

Clemencia

Daré quejas a los cielos
de que en riesgos de mi honor
faltó padre sin amor
y hallo marido sin celos.

Fernando

  Donde el honor se aventura
es bien arriesgar la vida.
Hoy se ha de ver defendida

en mi piedad su hermosura.
Clemencia, en la noche oscura
tus esperanzas libramos.

Álvaro — Peligros multiplicamos,
hijos.

Fernando — ¿Hay más de morir?

Álvaro — Sí, pues nos han de seguir

Fernando — Vamos, padre.

Clemencia — Esposo, vamos.

(Vanse todos.)

Fin de la Jornada segunda

## Jornada tercera

(Adentro suena un clarín y diga Pedro.)

Pedro ¡Vuelva, canalla! ¡Que vuela
entre las espumas blancas
el enemigo bajel!

(Tocan otra vez y parece un esquife con Álvaro, Fernando y Clemencia.)

Fernando Ya nos viene dando caza
el Cosario que nos sigue.
Ya con fieras amenazas
cobra soberbio dominio
sobre el imperio del agua.
Padre, ¿qué habemos de hacer?

Álvaro Si les pides a mis canas
consejo, que no rindamos
será el de más importancia.

Fernando Fue, si te pedí consejo,
porque con él me animaras;
que alientan dos pareceres
la más cobarde esperanza.
¿Qué esperamos de rendirnos
sino mayores infamias
cuando es hermoso el morir
entre las sangrientas armas?
Si yo esperara victorias,
¿temiera ajenas ventajas?
Mas para que honrado muera,
es menester que las haya.
La suerte echó la Fortuna;

amor y honor son las causas
para que el mar nos sepulte
en monumentos de plata.
Clemencia, el tálamo ilustre,
asido a tus esperanzas,
se trueca en túmulos negros
sobre estas humildes tablas.
¡Llegue el bárbaro de Libia!
¡Deja el remo! ¡Amaina, amaina!
Que suele dar el que espera,
temor al que le amenaza.
¡No temáis, padre y esposa,
que yo solo en la batalla
seré el imán de sus flechas
y la esfera de sus balas!

Clemencia

¡Mira, señor, que se acercan
y al fiero son de las cajas
burlan tu inútil valor!
Considera que te engañan
laureles de fama incierta
y que jamás los alcanza
quien desesperado muere
porque del vivir se agravia.
Valiente es el que resiste
atropelladas desgracias,
y por cobarde se cuenta
quien muere por excusarlas.
Y ya que dar determinas
por testigos a las aguas
de tu muerte, basten ellas
que vieron tragedias tantas.
No esperes, siendo posible,
que no sin aliento caiga

sobre tu pálida frente
de sangre propia manchada.
Y, pues yo, Fernando, he sido
el Jonas de esta borrasca,
arrójame al mar soberbio.
Tendrás segura bonanza.
¡Mira que llegan!

Fernando                Si piensas
que como sirena encantas,
taparé, como otro Ulises,
los oídos que te engañan
si escuchan suspiros tiranos
entre amorosas palabras.
Y tú, noble padre mío,
que excedes a las desgracias
de Troya, pues cuando Eneas
la miraba ardiendo en llamas,
libró a su padre en los hombros,
que eternos hace la fama;
mas los enojados cielos
multiplicando venganzas,
cuando dan paso en el fuego
nos le han cerrado en el agua.
No hay donde escaparte puedas.
No hay, como en Troya, montañas;
que en montes de rica espuma
solo pensamientos pasan.
Ya el cosario bergantín,
que los cristales quebranta,
con voces atemoriza
y con remos nos alcanza.
El bárbaro capitán
desafía entre las armas

al Sol con nubes de plumas
sobre montes de bengalas.

Álvaro ¿Qué intentas, Fernando?

Fernando Padre,
si los nobles se acobardan,
¿qué dejas a los que tienen
pecho humilde y sangre baja?
¡Yo he de morir como noble!

Pedro Aborda! ¡No se nos vaya
la presa!

(Suena [un] clarín; parece el bergantín de los moros y Pedro de moro con rodela y espada.)

Fernando ¡Válgame el cielo!
¡La ilusión es fantasma
que representa el temor!

Pedro Perro cristiano, ¿qué aguardas?
¿Con qué poder te defiendes?
¿Con qué favores te amparas?

Álvaro Éste, ¿no es mi hijo? ¡Cielos!

Pedro Mas, ¿cómo mi intento alcanzas?
¿Quieres por no ver tu afrenta
rendir a mis pies el alma?
Yo te cumpliré el deseo.

Fernando Bien te acuerdas que en las playas
de Valencia, cuerpo a cuerpo,

pude templar tu arrogancia
y entonces eras cristiano.
Mira, agora que te falta
la luz del Sol de justicia,
si podré vencer tus armas.

Pedro

¡El renegado Hamete
desde hoy los hombres me llaman
y el Sol de Clemencia puede
darme su luz soberana!

(Pelean [Pedro y Fernando].)

Álvaro

¡Hijo de mi vida, espera!
Mira que un león se agravia
si entre corderos humildes
muestras las sangrientas garras.
¿Qué furia es la tuya, Pedro?
Tu misma sangre derramas,
que para empresas mayores
por fuerza ha de hacerte falta.
Y cuando mezclar pretendas
la furia a las amenazas,
vuelve a tu padre los ojos
que besa humilde tus plantas.
Acerca más el bajel;
verás que los pies te bañan
lágrimas de un padre humilde
que duras peñas ablandan.
Pero si el Sol verdadero,
eterna luz de las almas,
deja en tinieblas la tuya,
nieve y hielos te acompañan.
¡La dureza de tu pecho

vence las sierras más altas
que en las ausencias del Sol
las cercan nubes heladas!
Vuelve a confesar a Cristo,
que de laureles y palmas,
desde la cruz donde muere,
te está ofreciendo guirnaldas,
y denme la muerte luego
tus animosas escuadras;
partirá mi alma contenta
a la soberana patria.

Pedro

Si me soltó de su mano
Cristo y sin fe ni esperanza
le niego la reverencia,
en vano piedad aguardas
de mi furia. Niega a Dios
mi lengua desesperada,
¿y no negará a mi padre?
¿Para qué hijo me llamas?
¡Moros, rompedle aquel pecho
entre puntas de alabardas!
Verá el mundo a lo que llega
la colérica venganza
de la ingratitud de un padre.
¡Con acciones inhumanas
seré el hijo más cruel
que vio el tiempo ni la fama!
¡Mas dejadles, esperad!
Ya que a los hombres espanta
mi crueldad, a las mazmorras
de Argel pretendo que vayan.

Fernando

¡Primero, infame español,

que ofensa a mi padre hagas,
verás un monte de acero
sobre esta pequeña barca!

Álvaro ¡No te defiendas, Fernando!

Clemencia Esposo, el valor te engaña.
Rinde el pecho a la Fortuna
inconstante, ciega y varia.

Pedro ¿Esposo en presencia mía
a un hombre cobarde llamas?
¡Nuevas venganzas me animan!
¡Bárbaros celos me abrasan!
¡Echa el ferro! ¡Llega, aborda,
que el fuego y celos del alma
han de abrasar en un punto
aguas, hombres, cielos y barcas!

Álvaro ¡Pedro!

Pedro ¡Hamete es mi nombre,
perros!

Fernando ¡Que tantas desgracias
no tengan fin!

Pedro ¡Hoy, Argel,
será mi heroica venganza!

(Aquí se juntan las barcas. Entra Pedro en la barca de su padre y la vence. [Vanse. Salen el] Rey y Trigueros.)

Rey Zulema, estoy tan corrido

que entre mi enojo y mi enfado,
quisiera haberme engañado
para no haberlo sentido.
  Pero de suerte vencí
las dudas que se ofrecieron
a los ojos, que sirvieron
de mayor crédito en mí.
  Aquel muchacho cristiano...
¿sabes quién digo?

Trigueros — Ir delante.

Rey — Me dejó más ignorante
del bien que pretendo en vano.

Trigueros — Pues, ¿qué querer preguntar,
si cuando estar satisfecho,
andar buscando el provecho
y el pisadumbre boscar?
  Cuando engordar el cochino,
tocino esperar después;
y el cabar el vinas es
para que agardamos vino.
  Perdonar si le traemos
ejemplicos de cristianos;
que cuando tener al manos,
más que el mosqueto bebemos.
  E prosiguiendo, sonior,
el resposta que querer
del bien Zolema saber.

Rey (Aparte.) — (Hace la pregunta Amor.)
  Juzgué, con nuevos desvelos,
mujer a Félix, de suerte

que el Sol, si a mirarlo advierte,
me daba en los rayos celos.
 Habléle y me respondió
como oráculo confuso,
pero en las dudas que puso,
mi fuego se declaró;
 que basta la aprehensión
de que femenil belleza
le ha dado naturaleza
para aumentar mi pasión.
 ¡Qué ya con amor gentil
mira que en tanto esperar
se ha visto un mozo adorar
a una imagen de marfil!
 Dime si es Félix mujer,
si pretendes mi favor,
para que pase mi amor
del conquistar al vencer;
 porque el amor bien nacido
no admite al alma arraigado
ni en los desdenes enfado,
ni en las ausencias olvido.
 Robáronle los cristianos,
pero ya me le promete
el valor del nuevo Hamete
que surca esos mares canos.

Trigueros

 Sonior, cozas que tener
los créditos de openión,
nunca dar bona razón;
nunca él verdades saber.
 Decir el fama que ardendo
Fénix dar volta a vivir;
ser grande embuste e mentir,

que nadie pode estar vendo.
  Hombre que alzar el segura
e los estrellas mirar
le hacer por le enganiar,
ser openión mal segura.
  A Espania ver de mil modos;
donde es como el frailesicos,
Alá les ver de moricos,
e ser emboste por todos;
  Al fin estar openión;
mas lo que poder palpar,
nunca es bono el preguntar.
Necios el preguntas son.
  Cuando amores estar frescos,
le podes satisfacer.

Rey ¿Pues cómo lo puedo ver?

Trigueros ¡Quetar el cinta al gregüescos!

Rey ¡Ah, cristianos, cuando os doy
la libertad que buscáis,
mis ofensas procuráis!
¡Furioso y amante estoy!
  ¡Viva Alá, que si al mar salgo,
que con amenazas solas
envuelva en fuego las olas!

Trigueros (Aparte.) (¡Mucho me mira este galgo,
  y temo que si emperra,
ha de echarme el diente a mí.)

Rey ¡Qué tan desdichado fui
en ser tan corta la tierra;

que si tardaran un día
de hallar defensa en el mar,
su muerte supiera dar
venganza a la ofensa mía!

Trigueros
¿Qué temer cuando ir Hamete
en so bosca en bergantín
más que el vento?

Rey
¡Dulce fin
a mi esperanza promete!
El cielo le dé favor
cuando a las manos llegare.

Trigueros (Aparte.)
(¡Y plega a Dios que no pare
hasta Madrid mi señor!)

Rey
¿Qué dices?

Trigueros
Que vosancé
sanar de pecho el postema.

Rey
Oye mi intento, Zulema.

(Salen la Infanta [Celaura] y Corsario.)

Corsario
¿Ansí desprecias mi fe?
¿Ansí un amor tan valiente
que entre abrasados desvelos
vence penetrando cielos
la esfera del Sol ardiente?
Tu ingrato desdén admiro
si pueden ganarte el gusto
diamantes del indio adusto

entre púrpuras de Tiro;
si los ópimos metales
que Arabia en sus venas cría,
perlas que del alba fría
en nácares orientales,
¿cuánto más valor tendrán
alma y corazón rendidos
que metales sin sentidos
que sin méritos te dan?

Celaura

Aunque por bajo interés
juzgas mi real decoro,
nácares, púrpuras y oro
despreciados de mis pies
les diera de mejor gana.
Mira, ¿es mi amor lo que medras?
¡Mejor lugar a las piedras
que a tu pretensión liviana!
Cuando me hablas, me ofendes.
Cánsasme cuando me miras,
me hielas cuando suspiras,
me enojas cuando pretendes;
que lo que cielo parece,
en llegándose a querer,
viene luego a parecer
infierno si se aborrece.

Trigueros

Consoltar el agoreros
y saber si le encontramos
[a] Hamete.

Rey

Bien dices, vamos.

(Sale un Moro.)

Moro — Cuando volarán ligeros,
por quebrantadas espumas,
más que del Sol los caballos
bastará Hamete a alcanzallos
haciendo los remos plumas.
La presa en palacio tiene.

Rey — ¿Tanta dicha merecí?

Trigueros (Aparte.) — (¡Qué este perro baharí
con estas nuevas nos viene!)

Celaura — Harto más bien granjearas
mi amor, que sin fruto esperas,
si por los cristianos fueras.

Corsario — Cuando tú lo imaginaras,
fuera poco atravesar.

Celaura — No entiendo de atravesías.

Rey — ¡Dulces esperanzas mías
que os he venido a lograr!
Pídeme albricias.

Trigueros — ¿Querer
que yo por ti le pedemos?

Moro — Sí.

Trigueros — Pues peder que le demos
milión de azotes por ver
si romper saco el codicias.

Rey Por tan agradables nuevas,
muy poco ha de ser si llevas
todo mi reino en albricias.

(Salen Pedro, Fernando, Clemencia y el padre [don Álvaro].)

Fernando En nuestra adversa fortuna
estimo más tu favor
que la vida.

Clemencia De mi amor
no esperes mudanza alguna.

Pedro Como el imperio quebrantas
del mar que soberbios cría,
hoy los esclavos te envía
lisonjeros de tus platas,
pues obediente y fiel
tantos miedos les enseña
que se les convierte en peña
[los remos] de su bajel.
Perdió la esperanza y brío,
pues entre asombros y penas,
fueron las otras cadenas
hasta que llegase el mío;
que aunque este valor profesa
para que Marte se asombre,
no le repetí tu nombre,
por coger viva la presa.
Déjeles hacer alarde
de algún valor porque el mar
se corriera de aguardar
una lisonja cobarde;

y si con obras te obligo,
pido que de estos cristianos
quede la presa en tres manos
y en las mías el castigo;
que aunque venzan en crueldades
las tiranas monarquías,
yo sé que en viendo las mías,
serán las tuyas piedades.

Rey

Tan bien mi gusto dispones,
que dejo a tu voluntad
la clemencia y la crueldad.

Pedro

Ya moriréis en prisiones.
¡Llevadlos a donde sientan
mi vengativo furor!

Álvaro

Por ser de un hijo el rigor,
no lastiman, sino afrentan
las desdichas de mi hado.
¿Posible es que padre he sido
de este monstruo? ¡Estoy corrido
de ser yo quien le ha engendrado!

Trigueros

Sonior capetán, dejar
a Zulema el presioneros.

Pedro

A ti te importa, Trigueros,
no disgustarme.

Trigueros

Caliar
e ver como obedecemos.
Vejo, al mazmorra venir,
que bronce no ha de sentir

tan lastimosos extremos.

(Aparte.) (¡Juro a Dios que es un bellaco
mi amo!)

Álvaro Félix, adiós.

Clemencia Él vaya, padre, con vos.

Álvaro Mal mis lágrimas aplaco;
¿de qué bárbaros se cuenta
que algún hijo hiciese tal?
Mas, ¡ay de mí! que mi mal
no es desdicha, sino afrenta.

Clemencia ¡Fernando!

Fernando Clemencia mía,
solo temo tus mudanzas.

Clemencia Si yo lograse esperanzas
como firmezas podría,
bien te quitara el recelo
que de mi mudanza tienes.

Fernando Dichosamente previenes
a mis penas el consuelo.
Dios te guarde.

Clemencia Y Él te anime.

(Llévales Trigueros [a don Álvaro y Fernando].)

Rey Félix, escucha.

Clemencia — Señor,
¿qué mandas?

Celaura — Este favor,
¿quién habrá que no lo estime?
Ansí, ¿cuánto, capitán,
queda el premio que merece
(Aparte.) tu valor? (¡Mi fuego crece!)

Rey — ¿Pues disfavores se dan
a un rey?

Clemencia — Por disculpa honrada
se puede admitir, señor.

Celaura (Aparte.) — (¿Cómo le diré mi amor?)

Pedro (Aparte.) — (El alma tengo turbada;
que mira el rey a Clemencia
con cuidados de mujer.)

Celaura — Déjala favorecer
cuando estimo tu presencia;
y advierte que has granjeado
prendas de amor en mi pecho.

Corsario — Mayores daños sospecho
si el alma no se ha engañado.

(Han de estar en este punto en hilera. Primero Clemencia y luego el Rey y luego Pedro; después la Infanta [Celaura] y a su lado el Corsario.)

Celaura (Aparte.) — (Con el muchacho cautivo
fingiré tiernos amores.

¡Tenga aparentes favores
Félix!)

Rey (Aparte.)
(Mi gloria apercibo
si le descubro a la infanta
quién es, porque una mujer
sabrá templar y vencer
tal rigor, dureza tanta.)
Ya, Celaura, tuyo es
Félix, regálale mucho,
y la ocasión...

Pedro (Aparte.)
(¿Esto escucho?)

Rey
...yo te la diré después;
que merece este favor.

Celaura (Aparte.)
Y a mí me ayudan los cielos.
(¡Abrasarle tengo en celos
del cautivo!)

Pedro (Aparte.)
(Ya el furor
me ciega. De mi presencia
el bien me quiere quitar.)
Señor, dejadme hablar
a Félix.

Celaura (Aparte.)
Ya no hay licencia.
(Celos del cautivo tiene;
obrando está mi desdén.)
Vámonos, Félix.

Rey (Aparte.)
(¡Qué bien
con mis intentos conviene!

Parece que ha conocido
su femenil rostro hermoso.)

Corsario (Aparte.) (Ya vivo menos celoso
y estoy más arrepentido.
Engañéme, que antes veo
que la infanta le desprecia.)

(Vanse el Rey y Corsario.)

Celaura (Aparte.) (Hoy a su arrogancia necia
ha de vengar mi deseo.)
Félix, mira que has de ser
secretario de mi pecho.

Pedro (Aparte.) (Que le está hablando sospecho
por el rey.) Fiera mujer,
mira que al cielo le quitas
la luz, la fuerza al amor.
¿Quién te ha enseñado el rigor
con que a las fieras imitas?
(Aparte.) (Tercera es del rey. ¡Ah, cielos!
¿Cómo ansí me atropelláis?)

Celaura Ansí os haré que sepáis
lo que lastiman los celos.

Pedro (Aparte.) (Pierdo el alma por ganar
una adorada mujer,
y sintiéndola perder,
no he de saberla cobrar.
Si nunca el Amor guardó
decoro al mayor estado,
siendo yo el interesado,

¿por qué he de guardarlo yo?
¡Muera el rey que a mi furor
le dan, si pesa a los cielos,
desesperación los celos
y atrevimientos Amor!)

(Vase.)

Celaura

Félix, si tu dueño soy,
mandarte puedo de veras.
Yo te mando que me quieras.

Clemencia

Palabra, infanta, te doy
de obedecerte y ansí
ya te he empezado a querer.

Celaura (Aparte.)

(¡Oh, si nos pudiera ver
aquel ingrato! ¡Ay de mí,
que con arte y con engaños
solicito el ser querida!)

(Vuelve a la puerta [Pedro].)

Pedro (Aparte.)

(Clemencia es ya conocida.
¿Qué busco? ¿Más desengaños?
¿Para qué quiero escuchar
lo que en mi daño ha de ser?)

Celaura

Mi Félix, ¿me has de querer?

Clemencia

No querer, pero adorar.

Celaura (Aparte.)

¿Y si Hamete lo escuchase?
(Mas allí le he visto. ¡Cielos,

caiga un rayo de estos celos
que le deshaga y abrase!)
  Mi Félix, yo te confieso
que quise a Hamete; mas ya
solo tu beldad me da
dulce amor. Solo profeso
  darte gusto y adorarte.
¿Serás mío?

Clemencia — Eternamente.

Celaura (Aparte.) — (¡Dichosa yo si lo siente!)

Pedro (Aparte.) — (Amor, no debo culparte.
  La infanta no solicita
a Clemencia por el rey.)

Celaura — Tendrás amor. ¿Tendrás ley
si la tengo yo?

Clemencia — Infinita.

Pedro (Aparte.) — (Ella pensando que es hombre,
o como a Félix la adora,
o finge que la enamora
por darme celos.)

Celaura — ¡Asombre
  tanto amor mares y cielos!

Clemencia (Aparte.) — (¡Y asómbrelos mi desdicha!)

Celaura (Aparte.) — (Él nos oye; haga mi dicha
que nazca amor de estos celos.)

Pedro (Aparte.) (Ella quiere amartelarme;
y para dar a entender
que no es Clemencia mujer,
celos finjo.)

Celaura ¿Quieres darme
un abrazo, Félix mío?

Clemencia (Aparte.) (Disimulando, que soy
mujer, los brazos le doy.)
Sí, daré y en ti confío.

(Abrázanse [y sale] Pedro con la daga en la mano.)

Pedro ¡Falsa, ingrata! ¿De esta suerte
se corresponde a mi amor?
¡Los celos son un furor!
¡Estoy por darte la muerte!
Y tú, Félix, vil cautivo,
¿los brazos osaste dar
a la gloria singular
por quien muero y por quien vivo?

Celaura (Aparte.) (¡Obró el veneno celoso!
Ansí, ansí, sabed de amores.)

Pedro ¿Estos eran los favores
de tu pecho generoso?

Celaura Alá sabe a quien adoro.

Clemencia (Aparte.) (A Dios con lágrimas llamo.)

Celaura (Aparte.) (Ay, español, yo te amo.)

Pedro (Aparte.) (Ay, Clemencia, yo te adoro.)

(Vanse [Pedro, Clemencia y la Infanta Celaura. Salen don Álvaro] y Fernando con cadenas, y Trigueros.)

Álvaro
Si a Dios tu señor dejó,
¿qué podemos presumir
de ti?

Fernando
¿Puédese encubrir
lo que tu lengua mostró?

Álvaro
Claro está que al torpe sueño
de la culpa el alma has dado,
que se conoce el criado
por las costumbres del dueño.
¡Hijo de padres cristianos
quedado en tan ciego abismo!
Mas, ¿qué digo, si yo mismo
tengo el ejemplo en las manos?
Cristiano y noble nací
y un hijo perdido lloro.

Trigueros
Ya he dicho que no soy moro;
la lengua sola fingí.

Fernando
¿Luego has fingido de miedo?
¿Qué no te ha faltado luz?

Trigueros
Sí, juro a Dios y esta cruz
y a las palabras del credo.

Álvaro
Temo que engañarme quieras.

Trigueros
¿Hay más terrible apurar?
Pues, ¿qué quieren apostar
que he de renegar de veras?
Llamaron gallego a un loco
en Madrid y dijo luego:
«Antes moro que gallego»,
y dicen que dijo poco;
pero el que es gallego dino,
dirá con justo decoro:
«Antes gallego que moro»,
no por Dios, mas por el vino.
Por excusar la mazmorra
y la paliza lo he hecho,
y porque saco provecho
de vivir metiendo gorra.
Regálanme lindamente,
y yo que no soy muy lerdo,
entre lo bellaco y cuerdo,
le como un lado a esta gente.
Tengo el ejemplo delante
del que se obligó a los daños
si no enseñaba en diez años
a hablar [a] un elefante;
que diciendo otro cautivo:
«¿Cómo te puedes librar
si en efecto ha de llegar
el término ejecutivo?»
Risueño le respondió:
«En diez años claro está
que alguno se morirá,
el rey, elefante o yo.»
Y ansí el negocio has mirado,

cristiano soy como un roble,
que aunque gallego, soy noble.

(Sale un Moro y escucha.)

Moro (Aparte.) (¡Si con ellos se ha burlado!
¡Qué es cristiano está diciendo!)

Álvaro No me pudiera mi hijo
causar mayor regocijo.
¡Al cielo estoy bendiciendo!

Trigueros ¡Cristiano mil veces soy,
que Mahoma es un bergante!

Moro (Aparte.) (¿Tal dice un perro ignorante?
A llamar la guarda voy;
que por el santo profeta
que ha de morir el villano.)

(Vase [el Moro].)

Trigueros En el alma soy cristiano
y moro en la gabaneta.

Fernando ¿Y si descubriendo van
lo que agora el alma encubre?

Trigueros Si el busiles se descubre,
moriré como un Roldán.

(Sale el Moro con el Corsario.)

Corsario No es posible si nació

en Marruecos.

Moro — Yo le oí
confesar a Cristo aquí.

Corsario — Por ventura se burló.

Moro — Presto le verás.

Corsario — ¡Zulema!

Trigueros — ¡Vive Dios, que me han cogido!
Mas no estoy arrepentido
que en más mi valor se extrema.

Corsario — ¿Ansí guardas el decoro
al profeta soberano?
Dícenme que eres cristiano.

Trigueros — ¿Pues cuándo he sido yo moro?

Corsario — Advierte que el renegado
de nuestra ley tiene pena
que a la muerte le condena.

Trigueros — Nunca mi ley he negado.

Corsario — Mira tu notorio engaño.

Trigueros (Aparte.) — (¡Oh, qué de espacio lo toma!)

Corsario — ¡Sabes tú quién es Mahoma?

Trigueros — Un arriero picaño,

juro a Cristo.

Álvaro
Capitán,
Trigueros nació cristiano.

Moro
¡Hasta en el nombre es villano!

Trigueros
Pues, ¿es mejor Solimán?
¡Diga el galgo!

Moro
En vano aplaco
la furia que el pecho enciende
que ansí este perro me ofende.

Trigueros
Él miente y es un bellaco.

Corsario
Llevadle al rey y él verá
lo que arrepentirse importa.

Álvaro
Trigueros, la vida es corta.

Trigueros
¡Oh, qué moderno que está!
¿Era yo de Boceguillas
que mi ley he de negar?

Corsario
Advierte...

Trigueros
No hay que tratar;
bien pueden hacerme astillas.

(Salga Pedro.)

Pedro
¿Qué hacéis? ¿Qué aguardáis con él?

Fernando — Esfuerzo tiene bizarro.

Trigueros — Ser mártir gallego en barro.
¡Mártir me fecit!

Álvaro — Cruel,
¿reniegas?

Trigueros — Siempre reniego
de Mahoma; a Cristo adoro
y piadosamente lloro
mis culpas.

Pedro — Vives; mas ciego.

Trigueros — Tú eres el que ciego estás,
pues a Cristo puesto en [cruz]
niegas perdiendo la luz.

Fernando — No vi tal valor jamás.

Pedro — ¿Qué aguardáis con él? ¡Llevadle!

Trigueros — Si es por lo que agora os hablo,
mirad qué dice San Pablo
a los coritos.

Corsario — ¡Matadle!

Trigueros — Moros, ad corintos, digo
aunque me hagáis tajados.

Álvaro — ¡Quien siguiera tus cuidados!
Mas con el alma los digo.

¿No te avergüenzas de oír
que un hombre humilde y criado,
hijo, haya confesado
a Cristo y vaya a morir?
Pero sin fruto te advierto
y con la luz te apercibo
de un claro ejemplo tan vivo
estando en la fe tan muerto.

(Vanse [todos menos Pedro].)

Pedro

¿Qué es esto Dios? Un criado
humildemente nacido,
¿esta constancia ha tenido?
Y yo que más obligado
os estoy, ¿os he negado?
¿Leyes dulces y suaves
se truecan por culpas graves?
¡Ah, mi Dios! ¡No se entienda
que el hombre solo os ofenda
cuando os bendicen las aves!
Yo, que era Pedro en Madrid,
Hamete soy en Argel;
el nombre dulce y fiel,
de aquel segundo David,
del que es verdadera vid,
de Jesús blanca paloma,
troqué por el de Mahoma.
¡Rasguen las nubes sus senos!
¡Produzcan rayos sin truenos!
¡Salga un león que me coma!
¡Tiemble la tierra por mí!
¡Brame el mar y gime el viento!
¡Caiga el alto firmamento!

¡Ábrase el infierno aquí!
Hamete soy; Pedro fui
negando a Cristo. Y ya hallo
que en todo es bien imitallo.
El alma a Cristo desea
y la voz de un criado sea
para mí la voz de un gallo.
  Pues el generoso azor,
rompiendo el aire lozano,
sabe volver a la mano
del dueño y del cazador.
Sepa agora un pecador
volver con alma piadosa
a la mano generosa,
que alas y plumas le dio
con que a su muerte voló
como ciega mariposa.
  La luz del Sol me socorre,
ojos, pues tiempo tenemos,
tantas lágrimas lloremos
que mi pecado se borre;
el alma misma se corre
y me avergüenzo y confundo
al mirarme. Sepa el mundo
que noble Ramírez fui
y que en la corte nací
del gran Felipe segundo.

(Va desnudándose, arrojando el vestido.)

  Un furor, una venganza
y una locura ha podido
despeñarme. ¡Vil vestido,
decid mi grande mudanza!

No tengamos semejanza
con los que no tienen fe;
que si yo a Cristo negué,
que me sustenta y me rige,
no supe lo que me dije
pero agora bien lo sé.

(Salgan por las dos puertas [don Álvaro] y Fernando.)

Señor padre, amigo hermano,
si ansí os merece llamar
quien a Dios supo negar,
dad la muerte a este tirano.
Dios me dejó de su mano
y ya otra vez me la dio.
Déjame, padre, que yo
humilde te desengañe
y con mis lágrimas bañe
los pies del que me engendró.
Romper quiero las cadenas
que mi ignorancia te puso.

Álvaro	Alegre estoy y confuso
en mis prisiones y penas.
¡Mi Dios, que el remedio ordenas
de este hijo, dame aliento,
no me mate este contento!

Pedro	Perdóname, mi Fernando.

Fernando	Suspenso te estoy mirando.

Pedro	Y yo volviendo a la fe,
tantas lágrimas daré

que me vayan anegando.
Pedro soy; cristiano soy.
Los que moro me habéis visto,
sabed que mi Dios es Cristo;
reverencia a Cristo doy.
Sus rayos me alumbran hoy.
Su ley sola es la perfeta.
¡Moros, dejad vuestra seta!

(Salen el Rey, [la] infanta [Celaura] y moros.)

Rey
¿Qué es esto Hamete? ¿Qué dices?

Pedro
Que sois todos infelices
creyendo a un falso profeta;
que solo Cristo es verdad
y Él es el Dios de los cielos.

Celaura
Loco le tienen los celos.

Pedro
Poderosa es su deidad,
dulce Amor. Moros, dejad
la infame ley que tenéis
y si salvaros queréis,
adorad a Jesucristo.

Rey
¿Cómo mi furia resisto?
¡Oye, Hamete!

Pedro
No llaméis
a quien es Pedro, Hamete.
¡Cristo es mi Dios. En Él creo!

Celaura (Aparte.)
(Volverle el seso deseo.)

¡Oye, mi bien!

Pedro ¡Perra, vete;
que tu ley no me promete
sino llamas, pena y hielos!

Celaura ¡Tuya soy; no tengas celos!

Pedro Bien dices, que celos son
de mi santa religión,
que es camino de los cielos.

Rey ¿Burlas de Mahoma?

Pedro ¡Sí!
Su infame nombre blasfemo,
ni le estimo ni le temo.

Rey Habrás de temerme a mí.

Pedro Noble y cristiano nací.
Un furor, una locura
me trujo a tan desventura.
Negué a Dios y ya le confieso.

Rey ¡Denle la muerte!

Pedro Por eso
tendré vida más segura.

Rey ¡Pues, denle la misma muerte
que a [Cristo]!

Pedro ¡Dichoso yo!

Celaura De nuestra ley se burló
y de mi amor se divierte,
¡muera de la propia muerte
que Cristo, crucificado!

Rey En esa puerta enclavado
esté.

Álvaro ¡Hijo, persevera!

Pedro Mi fe creció de manera
que se iguala a mi pecado.
Déjame, Rey, que yo haga
en la puerta una señal
de aquella [cruz] inmortal
donde [Cristo] mi Dios paga
por mis culpas.

Rey Satisfaga
a su Dios de esa manera.

Pedro Arco de paz verdadera,
señal de serenidad,
muera yo por tu verdad.

Álvaro Hijo mío, persevera.

Pedro Piadosamente ha tratado
mi causa. Yo te agradezco
mi muerte y la vida ofrezco
al martirio deseado,
pero si [cruz] me ha faltado
cruz formaré con el dedo

porque en la mortal pelea,
cuando al enemigo vea,
pueda batallar sin miedo.

(Señale con el dedo una cruz y fórmela.)

Árbol santo, cuya flor
a su hermosura convida,
cuyo fruto fue la vida,
cuyas hojas son amor,
cayado de aquel pastor
que murió por su ganado,
vara del Moisés sagrado
que milagros multiplica,
a tu pie se purifica
la boca que te ha negado.

(Cúbrenle [a Pedro].)

Rey

Cruz parece milagrosa
la que su mano formó.

Celaura

¿Cuándo al cristiano faltó
la mágica fabulosa?

Rey

Con sentencia más piadosa
quisiera haberle tratado,
que era valiente soldado
y pudo ser frenesí.

Celaura

Bien es que padezca ansí
el que ansí me ha despreciado.
El desprecio de mi amor
ha de llorar esta vez.

(Sale el Corsario con moros y Trigueros.)

Corsario

A que seas recto juez
hemos venido, señor.
Este moro sin temor
de Mahoma, lo maldice.
De él reniega.

Trigueros

Muy bien dice,
pero en que soy moro miente.
Por vivir entre tu gente
cómodamente lo hice.
Cristiana mi madre fue
y en el vientre de mi madre,
como lo dirá mi padre,
de Mahoma renegué.
Nunca yo tu ley dejé,
porque jamás la seguí.
Dentro en Galicia nací
entre chorizos al humo,
y de los moros presumo
que no los comen aquí.

Rey

Por fingirse que nació
moro no merece muerte;
solo la pena se advierte
en el que la ley dejó
después que la profesó.

Trigueros

Luego, ¿por libre me das?

Rey

No siendo moro, lo estás.

Trigueros — Beso tus reales juanetes
por el bien que me prometes.

Corsario — Hecho esclavo quedarás.

Celaura — Templarás el alegría
viendo muerto a tu señor.

(Descubren a Pedro crucificado en la puerta por la frente.)

Trigueros — ¡Válgame San Amador!
¿Hay más lastimoso día?

Corsario — Creció la esperanza mía
entre su mortal tormento.

(Sale Clemencia.)

Clemencia — Venceré en la prisa al viento
aunque no pueda a la fama,
que de su muerte me llama.

Fernando — ¡Oh, milagroso portento!
Mi hermano muere por Cristo
y para imitarlo en [cruz
tocó en sus ojos la luz
con que sus culpas ha visto.

Clemencia — En vano el llanto resisto
con piadosa compasión.

Pedro — Pocos mis tormentos son
para quien llega a imitaros.
No queráis, Señor, alzaros

con los de vuestra pasión.
  Cruz divina, imagen fiel
del instrumento que hicieron,
tanto que al fin le rompieron
las cuerdas tocando en él,
cuando al pueblo de Israel
entre tormentos tiranos
tocó puntos soberanos
conque el Sol suspenso estuvo,
pues más de tres horas tuvo
las clavijas en las manos.
  Muriendo en cruz, mi Dios, por culpa mía,
hicieron sentimiento los mortales;
las luces se eclipsaron celestiales,
montes extremeció la tierra fría.
  Rasgóse el velo santo, y a porfía
se quebraron los duros pedernales;
sucedan en mí mismo estas señales
cuando yo muera en cruz antes del día.
  Quebrántese la piedra de este pecho
a vuestro amor divino endurecida,
y mis ojos se eclipsen con el llanto.
  Mi corazón se rasgue y ya deshecho,
extremézcase el alma al dar la vida,
temiendo el tribunal de Dios tan santo.

Rey  ¿Estarás ya arrepentido
cuando sin remedio estás?

Pedro  Antes no tuve jamás,
señor, placer tan crecido
y estoy tan agradecido
al tormento, aunque tan fuerte,
que quisiera que mi muerte

se detuviera en llegar
para poderte pagar
las albricias de mi muerte.
Mas, pues, te precias de humano,
de clemente y generoso,
rogarte será forzoso
por mi padre y por mi hermano;
y pues se disfraza en vano
Clemencia, por cuyo amor
al cielo perdí el temor
con pensamiento infiel,
halle en mi muerte cruel
tu generoso favor.
¡Mi Dios, mi Bien, Luz hermosa
que en la piedad resplandeces,
pues soy tu imagen dos veces,
dame sentencia piadosa!

(Cúbrenle [a Pedro].)

Rey

Esa virtud generosa
ha de ver el mundo en mí,
porque otro Alejandro fui
de otra más bella mujer,
que si ayer pudo vencer,
hoy pudo vencerme a mí.
Dale, cristiano, la mano
a tu esposa y todos tres,
sin rescate ni interés,
cortad el mar africano.

Fernando

Por favor tan soberano,
te dé laureles oriente
para coronar tu frente.

Álvaro — Ya entre su penosa calma
le dio a quien adora el alma.

Clemencia — Él murió dichosamente.

Corsario — Pues, cuando tan general
con los favores te muestras,
¿no darás conmigo muestras
de tu pecho liberal?
En la sangre soy tu igual.
Si ves lo que te he servido,
por premio a la infanta pido
de mi glorioso tratamiento.

Rey — Si ella gusta, soy contento;
que ganará un noble marido.

Celaura — Como la causa murió
que en templar mi desdén
conozco que me está bien
...... [ -ó].
Tu esposa soy.

Corsario — Ya llegó
el clavo a tener la rueda.

Trigueros — Y ya no es razón que pueda
acercarme hacia Madrid.

Rey — Todos de Argel os partid,
que nadie el pasaje os veda.
Y también licencia os doy
que el cuerpo podáis llevar.

Trigueros — Pues, vámonos a embarcar.

Álvaro — Tan agradecido voy
que siempre tu esclavo soy.
Vivirá en mí la memoria
de tu fama y de tu gloria.

Rey — Guárdeos el cielo; partid.

Fernando — Y del mártir de Madrid
da fin la dichosa historia.

Fin de la comedia

## Libros a la carta

A la carta es un servicio especializado para
empresas,
librerías,
bibliotecas,
editoriales
y centros de enseñanza;
y permite confeccionar libros que, por su formato y concepción, sirven a los propósitos más específicos de estas instituciones.

Las empresas nos encargan ediciones personalizadas para marketing editorial o para regalos institucionales. Y los interesados solicitan, a título personal, ediciones antiguas, o no disponibles en el mercado; y las acompañan con notas y comentarios críticos.

Las ediciones tienen como apoyo un libro de estilo con todo tipo de referencias sobre los criterios de tratamiento tipográfico aplicados a nuestros libros que puede ser consultado en Linkgua-ediciones.com.

Linkgua edita por encargo diferentes versiones de una misma obra con distintos tratamientos ortotipográficos (actualizaciones de carácter divulgativo de un clásico, o versiones estrictamente fieles a la edición original de referencia).

Este servicio de ediciones a la carta le permitirá, si usted se dedica a la enseñanza, tener una forma de hacer pública su interpretación de un texto y, sobre una versión digitalizada «base», usted podrá introducir interpretaciones del texto fuente. Es un tópico que los profesores denuncien en clase los desmanes de una edición, o vayan comentando errores de interpretación de un texto y esta es una solución útil a esa necesidad del mundo académico.

Asimismo publicamos de manera sistemática, en un mismo catálogo, tesis doctorales y actas de congresos académicos, que son distribuidas a través de nuestra Web.

El servicio de «libros a la carta» funciona de dos formas.

1. Tenemos un fondo de libros digitalizados que usted puede personalizar en tiradas de al menos cinco ejemplares. Estas personalizaciones pueden ser de todo tipo: añadir notas de clase para uso de un grupo de estudiantes, introducir logos corporativos para uso con fines de marketing empresarial, etc. etc.

2. Buscamos libros descatalogados de otras editoriales y los reeditamos en tiradas cortas a petición de un cliente.

www.ingramcontent.com/pod-product-compliance
Lightning Source LLC
LaVergne TN
LVHW091939240726
843527LV00064B/118

* 9 7 8 8 4 1 1 2 6 2 4 6 0 *